U0657950

DIANLI KEHU FUWU ANLI

XINLI JIEXI YU CELUE YANJIU

电力客户服务案例
心理解析与策略研究

杨建龙　薄林　武宏波　编著

中国电力出版社
CHINA ELECTRIC POWER PRESS

内 容 提 要

为了进一步提高供电服务质量，本书精心挑选出近年来供电服务案例中的典型投诉事例，利用托尔曼中介系统理论分析客户投诉的心理和诉求，针对不同的心理变化阶段总结出了切实可行的解决措施，案例涉及营业厅服务、电工服务、接线客服、抄表催费、电能计量、业扩报装、停限电、供电抢修、供电质量及电网施工改造等方面。电力一线服务人员在面对客户的各种情绪和问题时，都能从书中找到相应的解决方法。

本书可作为供电服务人员工作学习用书。

图书在版编目（CIP）数据

电力客户服务案例心理解析与策略研究 / 杨建龙，薄林，武宏波编著 . -- 北京：中国电力出版社，2017.12（2025.1重印）
ISBN 978-7-5198-0716-0

Ⅰ.①电… Ⅱ.①杨… ②薄… ③武… Ⅲ.①电力工业－工业企业管理－销售管理－商业服务－案例－中国 Ⅳ.① F426.61

中国版本图书馆 CIP 数据核字 (2017) 第 290698 号

出版发行：中国电力出版社
地　　址：北京市东城区北京站西街 19 号（邮政编码 100005）
网　　址：http://www.cepp.sgcc.com.cn
责任编辑：岳　璐（010-63412339）彭莉莉
责任校对：闫秀英
装帧设计：左　铭
责任印制：石　雷

印　刷：中国电力出版社有限公司
版　次：2017 年 12 月第一版
印　次：2025 年 1 月北京第二次印刷
开　本：880 毫米 ×1230 毫米　32 开本
印　张：5.75
字　数：100 千字
印　数：1501—2000 册
定　价：26.00 元

前 言

电力是社会经济发展的重要保障。供电服务是电力公司为满足客户获得和使用电力产品的各种需求而提供的各种相关服务。供电服务是电力公司经营中的一个重要环节,是电力安全的保证。国网河南省电力公司把优质服务工作确立为企业发展的永恒主题,坚持以客户需求为中心,研究客户心理,完善服务机制,优化业务流程,拓展服务手段,努力提高客户满意率。近年来,公司坚定不移地贯彻执行《供电服务"十项承诺"》《"三公"调度"十项措施"》《员工服务"十个不准"》,继续秉承"你用电,我用心"的服务理念,遵循"优质、方便、规范、真诚"的服务方针,践行"四个服务"宗旨,建设"客户导向型"服务体系,落实"客户经理制、强化窗口首问负责制和一次性告知制",深入开展服务沟通"零距离"、服务受理"零推诿",解决服务"最后一公里"问题,实现"十分钟交费圈",优化"网格化"抢修模式,按照"一户一案"原则,逐项编制供电服务方案,全力塑造服务新形象,提高服务效率。

为了进一步提高供电服务质量，塑造良好的供电企业形象，国网河南省电力公司精心挑选出近年来供电服务案例中的典型投诉事例，利用托尔曼中介系统理论进行研究，编写了本书。这些案例均来自于营业厅服务、95598电话服务、抢修工单以及各业务现场，是真实事件的记录。全书通过分析客户投诉的心理和诉求，剖析事件原委，总结发现和解决供电服务中存在的短板，找到客户投诉或抱怨的原因，为供电服务人员提高自身素质、业务能力、管理水平提供正面导向作用，并提出整改措施和心理应对策略，从而提升电力客户满意度，树立电力公司优质服务形象。

编　者

2017年10月

Contents —— ////////////////////// 目 录

理论简介：
托尔曼中介系统理论

美国心理学家——爱德华·托尔曼（Edward C.Tolmal, 1886～1959年）认为，在环境刺激和行为反应之间，存在一个中介变量，具体表现为认知、期望、目的、假设和嗜好等，这期间的心理过程是引起个体一定反应的关键，是行为的决定因素。托尔曼将中介变量划分为三大种类：需求变量、行为空间和信念-价值体系。需求变量是指驱动力和动机，是对"为什么"问题的回答；行为空间是指认知，是个体所感知的"假想空间"，是对"是什么"问题的回答；

信念–价值体系是指差异，表现为个体对不同类别的目标显示出不同强度的要求，是对"为什么不一样"问题的回答。

托尔曼的中介系统理论要求心理分析应当深入到个体的内部心理过程。通过揭示中介过程的特征，才能真正认识个体的行为反应，有助于分析个体行为反应的原因所在。

第一章

营业厅服务投诉案例

案例1 营业厅工作时间无人值班

一、案例纲要

🔍 **案例类型** 投诉—服务渠道—营业厅服务。

🔍 **事件摘要** 营业时间无人值班，引发客户投诉。

🔍 **事件过程** 某市客户来电反映，某日12点30分到当地供电营业厅办理新装业务时，营业时间营业厅没有工作人员值班，客户表示铭牌显示营业时间是周一至周日的9:00~17:00，供电公司没有达到要求。客户表示不满，要求供电公司相关部门尽快核实处理，并尽快给出合理解释。

二、客户心理分析

🔍 托尔曼理论图示见图1-1。

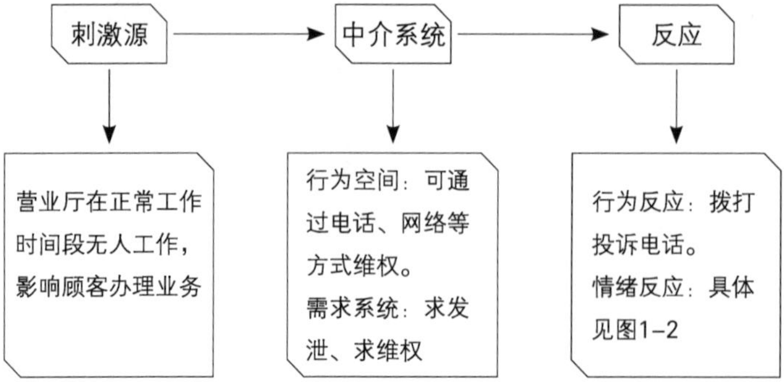

图1-1 托尔曼理论图示（案例1）

根据托尔曼中介系统理论，营业厅在正常工作时间段内无人工作，影响了用户办理业务，直接引发了用户的不满情绪，使其最终选择了拨打投诉电话。该用户的投诉属于求发泄型投诉。

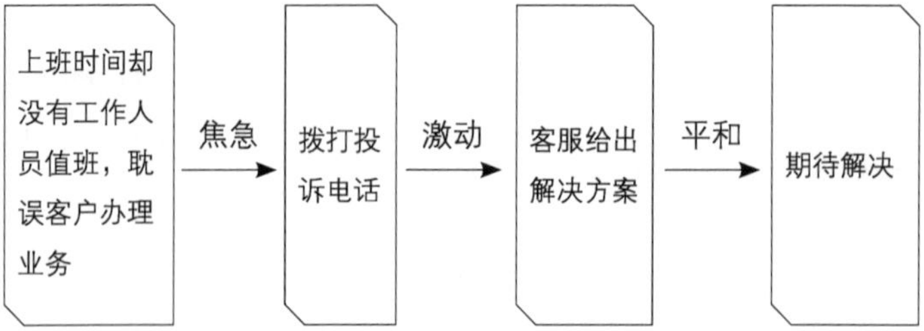

图1-2 客户心理变化阶段（案例1）

第一阶段：焦急不满阶段（约20分钟）。用户在营业厅正常上班的时间段来办理业务，但是营业厅却大门紧锁，无一人值班。于是用户开始变得焦急不满："为啥在正常工作时间内都没人上班呢！""怎么这么不负责任啊！"于是决定拨打投诉电话。

第二阶段：投诉宣泄阶段（约20分钟）。用户拨打了投诉电话，想要得到一个交代，为什么正常工作时间却无人值班，在向客服代表交代事情始末时，用户一度变得心情激动："你们必须给我们用户一个合理的交代！你们这的员工怎么能说不上班就不上班呢！这也太不可靠了吧！"客服代表给出了一个比较合理的方案："您放心，我们一定会追责到个人，我们会尽快给您回复的。"此时用户的不满情绪得到了合理的宣泄。

第三阶段：妥协阶段（约3分钟）。客户接受提议，此时的心情稍微缓和："那就照你说的办，你一定要告诉我你们的处理结果。"

三、违反条款及暴露问题

✿违反条款

《国家电网公司员工服务"十个不准"》第八条："不准营业窗口擅自离岗或做与工作无关的事"。

⚙ 暴露问题

（1）窗口服务人员责任意识及服务意识不强，工作时间不在岗，给客户办理业务造成不便。

（2）基层工作人员在服务意识、工作责任心等方面有待进一步提升，规章制度执行不严、学习掌握不彻底，未真正使服务规范、工作标准和员工行为规范落到实处。

四、整改措施

（1）落实不在岗原因，向客户真诚道歉，争取客户理解。

（2）按照"四不放过"的原则及《国家电网公司员工奖惩规定》《国家电网公司供电服务奖惩规定》对责任人进行处理。

（3）针对营业时间不规范行为进行专项检查，对发现的问题进行处理，并做好人员警示教育。

五、心理应对策略

（1）在用户打电话投诉意在宣泄自己不良情绪时，客服代表一定要做到耐心倾听，不打断、不插嘴。让用户先将不良情绪宣泄出来，这样能在一定程度上缓解用户的不满。

（2）该客户投诉的目的是求发泄、求尊重，客服代表应该在第一时间察觉到用户投诉的目的，这样才能提出用户认为合理的解决方案。这就要求客服代表提高与人沟通交流的理解能力，不妨在平时多看一些书，做一些简单的练习来提高自己的理解水平。

（3）在情况调查清楚之后，工作人员一定要将具体的调查情况和处理情况向用户说明清楚，将客服代表对用户的许诺实现。这样，用户才会重新建立起对电力公司的信任

案例2　客户办理过户，营业厅人员相互推诿

一、案例纲要

🔍**案例类型**　服务投诉—服务行为—营业厅人员服务规范。

🔍**事件摘要**　客户反映到当地营业厅办理更名过户业务时，营业厅工作人员相互推诿不予办理，客户不满而投诉。

🔍**事件过程**　某市客户反映，他到营业厅办理更名过户业务，工作人员告知客户需要到另一地点营业厅办理该业务，于是客户又赶到另一个营业厅办理手续，该营业厅的工作人员又告知客户需要回到原来的营业厅办理业务，客户认为这两名营业厅的工作人员存在互相推脱、推诿客户，不为其办理业务的行为，客户表示不满，请工作人员尽快核实处理并给出合理解释。

二、客户心理分析

🔍托尔曼理论图示见图1-3。

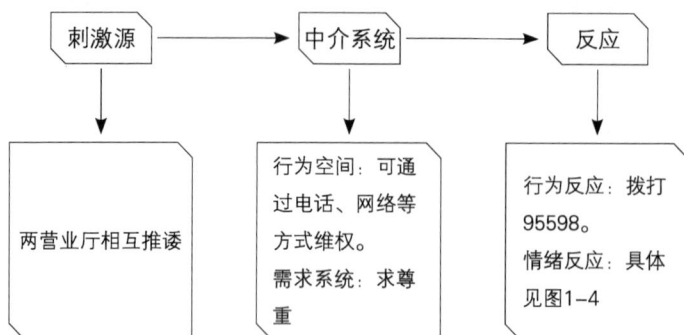

图1-3　托尔曼理论图示（案例2）

　　根据托尔曼中介系统理论，客户办理业务时受到两个营业厅的相互推诿是引发客户投诉的原因。在业务办理过程中，客户受到了不良待遇，浪费了时间和精力。最终，客户通过拨打95598投诉。该案例属于求尊重类型的正当投诉。

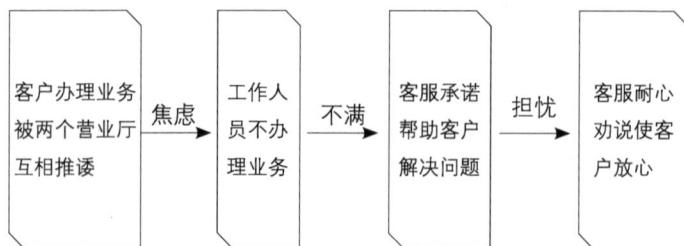

图1-4　客户心理变化阶段（案例2）

第一阶段：焦虑阶段（约3分钟）。为了办理业务，客户在两个营业厅之间来回折腾，被营业厅用各种理由拒绝服务。业务办不成，客户感觉焦虑"我为了办理过户都跑了好长时间了，谁成天没事光往营业厅跑啊，事儿也不难，为啥就是办不成!"

第二阶段：满阶段（约3分钟）。客户认为工作人员不负责任，不为客户的需要考虑，不尊重客户。客户本人为此受了很多不必要的麻烦，也借此机会发泄不满。"我手续都带着，这么热的天我跑了一趟又一趟，这个说不能办，那个说不能办，他们也不说啥理由，就是不给办，再问他，他就不理人了! 拿着钱却不干活，你说气人不？"

第三阶段：担忧阶段（约2分钟）。客户被刁难过很多次，受尽了冷漠的眼神和不负责任的态度，担心投诉后依然没有效果。"我这反映后有没有用啊？我再去他别还是这样，那时我就真没办法啊！"

三、违反条款及暴露问题

⚙️违反条款

（1）《国家电网公司供电服务规范》第四条第二款："真心实意为客户着想，尽量满足客户的合理要求。对客户的咨询、投诉等不推诿、不拒绝、不搪塞，及时、耐心、准确地给予解答"。

（2）《国家电网员工行为十个不准》第五条："不准违反首问负责制，推诿、搪塞、怠慢客户"。

⚙️**暴露问题**

（1）营业厅工作人员缺乏应有的责任心与主动服务意识，导致客户的合理需求遭到拒绝。

（2）营业厅现场监管不力，工作人员行为违规，无视供电服务规章制度，营业厅没有发挥应有的服务窗口作用，引发客户投诉。

四、整改措施

（1）与客户联系沟通，向客户真诚道歉，争取客户理解。

（2）加强管理制度宣贯和员工责任心教育的培训。

（3）针对营业厅服务不规范行为进行专项检查，对发现的问题进行处理，并做好人员警示教育。

（4）按照"四不放过"的原则及《国家电网公司员工奖惩规定》《国家电网公司供电服务奖惩规定》对责任人进行处理。

五、心理应对策略

（1）用同理心去理解客户，表示客户的反应是合情合理的，任何人遇上这样的情况都会有同样的反应。语气应该真诚、热情，不能低沉、漫不经心。

（2）向客户道歉并批评营业厅的不当行为，向客户表示一定会追究责任。没必要询问的琐碎信息要尽量少问，防止客户不耐烦。

（3）现场工作人员应该重新树立客户对电力公司的信心，使客户放心地办理业务，并将处理结果告知客户，树立电力公司知错就改、秉公办理的形象。不能认为客户的担心是多余的，不要对客户的观念进行评价。

案例3 工作人员以非正当理由中断服务

一、案例纲要

🔍 **案例类型** 投诉—服务渠道—营业厅服务。

🔍 **事件摘要** 客户看到有工作人员在屋内休息，引发客户投诉。

🔍 **事件过程** 某市客户来电投诉，8月12日11点到乡供电营业厅办理缴费业务时，营业厅人员以交接班为由，拒绝收费并告知客户到代售点缴费。客户认为营业厅在营业时间就应该办理业务，工作人员说接班的人有事还未到，但自己该下班了，必须回家做饭，不能再办理业务。客户表示非常不满，要求供电公司相关部门尽快核实处理。

二、客户心理分析

🔍托尔曼理论图示见图1-5。

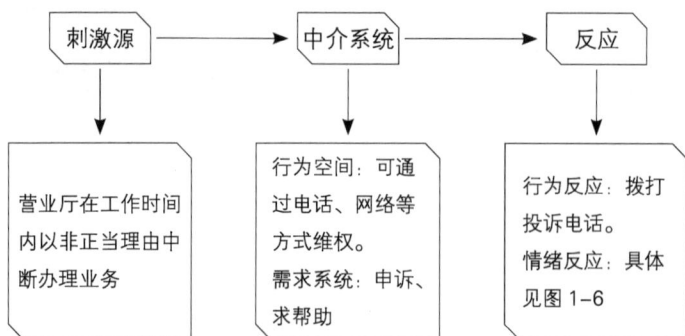

```
┌────────┐      ┌────────┐      ┌────────┐
│ 刺激源 │ ───▶ │ 中介系统 │ ───▶ │ 反应  │
└────────┘      └────────┘      └────────┘
    │               │                │
    ▼               ▼                ▼
┌──────────┐   ┌──────────┐   ┌──────────┐
│营业厅在工作│   │行为空间：可通│   │行为反应：拨打│
│时间内以非正│   │过电话、网络等│   │投诉电话。   │
│当理由中断办│   │方式维权。  │   │情绪反应：具体│
│理业务    │   │需求系统：申诉、│ │见图1-6    │
│         │   │求帮助    │   │          │
└──────────┘   └──────────┘   └──────────┘
```

图1-5　托尔曼理论图示（案例3）

根据托尔曼中介系统理论，营业厅在正常工作时间内以不符合规定的理由中断服务，消极办公，办事效率低下，拖延客户办理业务，直接引发了客户不满，客户认为工作人员拒绝办理业务的理由不正当，就拨打投诉电话，找营业厅的上级部门评理。该用户的投诉属于求申诉型投诉。

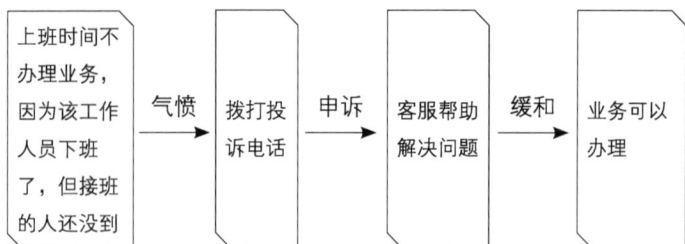

```
┌────────┐     ┌────────┐     ┌────────┐     ┌────────┐
│上班时间不│ 气愤│拨打投诉│ 申诉│客服帮助│ 缓和│业务可以│
│办理业务，│───▶│诉电话 │───▶│解决问题│───▶│办理   │
│因为该工作│     └────────┘     └────────┘     └────────┘
│人员下班 │
│了，但接班│
│的人还没到│
└────────┘
```

图1-6　客户心理变化阶段（案例3）

第一阶段：气愤阶段（约5分钟）。客户在营业厅正常上班的时间段来办理业务，营业厅有工作人员却不给办理，说出的理由让人匪夷所思，更是立不住脚。客户气不打一处来："现在是营业时间，你说下班就下班呀，谁定的规矩！""你不把工作安排好，这里没个值班的，你就不能下班！""我办不了业务在这里饿着等着，你却回家做饭吃，怎么这么气人呢！"于是就拨打了投诉电话。

　　第二阶段：申诉阶段（约3分钟）。客户拨打了投诉电话，说让客服给评评理，为什么营业厅的工作人员态度这么差，办事效率这么低，并要求转接上级部门负责人，质问正常工作时间内，营业厅的服务人员能不能自己做主想下班就下班。客户郑重地说："你们必须赶紧给我解决这个问题，现在是营业时间，我有权利办理业务，不能耽误我的时间。"客服代表马上安慰客户，指出营业厅的做法有误，并保证一定会尽快安排工作人员到岗，感谢客户对营业厅服务提出意见，该情况会反馈给营业厅以及上级主管部门，追查失职人员的责任。

　　第三阶段：缓和阶段（约5分钟）。客户怒气渐消，态度有所缓和，认为只要尽快安排工作人员给办理业务，并对失职人员进行批评教育就可以了。10分钟后，新的工作人员接到电话后赶到营业厅，向客户诚恳道歉，保证以后不会再出现这种失误，然后及时办理了业务。

三、违反条款及暴露问题

☞违反条款

《国家电网公司供电服务规范》第十一条第一款："营业人员必须准点上岗，做好营业前的各项准备工作""临下班时，对于正在处理中的业务应照常办理完毕后方可下班。下班时如仍有等候办理业务的客户，应继续办理"。

☞暴露问题

（1）营业厅工作人员服务意识淡薄，交接班制度不规范，人员管理松散，服务衔接不顺畅，造成客户等待。

（2）基层工作人员需要进一步提升服务意识、管理意识，规范工作流程，责任到人，严格执行规章制度，加强人员管理和培训。

四、整改措施

（1）了解工作人员衔接不畅的原因，向客户真诚道歉，争取客户理解。

（2）按照"四不放过"的原则及《国家电网公司员工奖惩规定》《国家电网公司供电服务奖惩规定》对失职人员进行处理。

（3）规范营业厅工作制度，加强人员管理，培养团队合作精神，以提供优质服务为目标。

五、心理应对策略

（1）在客户打电话准备申诉到上级部门时，客服代表一定要站在客户的立场上，认真听取客户申诉的理由和证据，依据供电服务规则来判断客户不满的原因。如果客户说的有道理，客服代表就要给出肯定的答复，给出合理的解决方案，稳定客户的情绪。

（2）客服代表应该具有敏锐的识别能力和果断的判断能力，先处理客户的心情，重视客户的感受，让客户信赖客服代表能帮助其解决所遇到的问题，将提供优质服务的主动权重新掌握在自己手里。

（3）客服代表在结束和客户的通话以后，需要迅速联系营业厅的工作人员或管理人员，及时有效解决人员在岗问题，并通知客户问题即将解决并说明处理结果，实现客服代表的诚信服务。

案例4 更名过户超时限，违背承诺遭投诉

一、案例纲要

🔍**案例类型** 投诉—服务渠道—营业厅服务。

🔍**事件摘要** 工作人员没有履行承诺按时为客户办理更名过

户手续，引发客户投诉。

🔍**事件过程**　客户拨打投诉电话反映，半月前到县供电营业厅申请办理更名过户业务，当时手续办理完毕后，工作人员告知客户"很快会变更过来"，但至今未进行变更。客户表示不满，要求尽快核实处理。

二、客户心理分析

🔍**托尔曼理论图示见图1-7。**

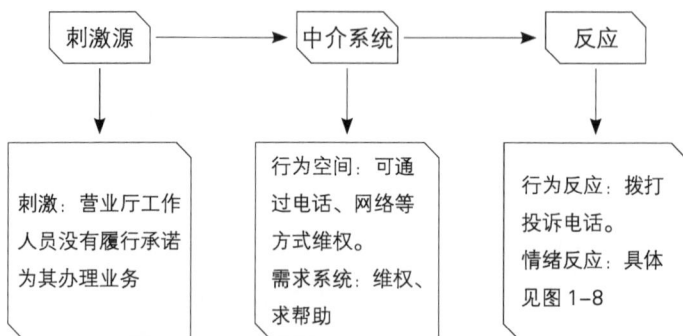

图1-7　托尔曼理论图示（案例4）

根据托尔曼中介系统理论，工作人员对用户办理更名过户手续时，由于没有及时将工作票进行上机，导致用户在系统中更名过户并未成功，引起客户不满，发生投诉。该用户的投诉属于维权型投诉。

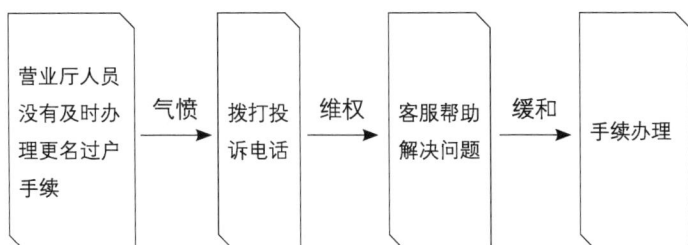

图 1-8　客户心理变化阶段（案例 4）

第一阶段：气愤阶段（约15分钟）。客户再次来营业厅找工作人员理论："为什么半个月了，过户手续还没有给我办？"工作人员说："再等等吧，现在系统出了问题，等系统修好了就行了。"客户很气愤："这么长时间还没有修好，这个都不是理由！这么长时间，多耽误我的事！"工作人员不理。

第二阶段：维权阶段（约3分钟）。客户马上拨打了投诉电话，问为什么这么长时间没有把业务办好，投诉了营业厅的工作人员办事效率低。客服代表耐心听客户讲完，表示会找到问题的原因，将客户的过户手续办好。

第三阶段：缓和阶段（约5分钟）。客户情绪有所好转。几分钟后，客服打来电话，告知是营业厅工作人员没有及时将工作票进行上机，导致用户在系统中更名过户未成功，实属工作有误，现在过户手续已办好,并向客户道歉。

三、违反条款及暴露问题

☼违反条款

违反《国家电网公司供电服务质量标准》第六条第十八款:"居民用户更名、过户业务在正式受理且费用结清后,5个工作日内办理完毕。暂停、临时性减容(无工程的)业务在正式受理后,5个工作日内办理完毕"。

☼暴露问题

(1)对客户办理更名过户的服务过程中,责任心不强,服务意识欠缺,没有做到真心实意为客户着想,尽快解决客户问题。

(2)工作人员服务中没有良好的工作习惯,没有保管好用户填写的工作票,导致没有将工作票及时上机,违反国家电网公司处理时限要求。

四、整改措施

(1)对主要责任人给予经济处罚,责令做出书面检查,并给予通报批评,向客户真诚道歉。

(2)针对此事件进行自查自纠,举一反三,按照"四不放过"原则对全部营业厅业务人员进行教育和警示。

（3）规范营业厅工作制度，加强人员管理和业务管理，提高办事效率。

五、心理应对策略

（1）在客户再次来营业厅找工作人员质疑业务办理状况时，工作人员应自查原因，积极主动推进工作完成，不能推诿、搪塞，不能激化矛盾，导致客户情绪进一步恶化。

（2）客服代表应耐心听完客户的讲话，不打断，缓和客户的情绪，安慰客户，并想办法找到问题的原因，为客户解决问题，及时将结果告知客户。

电工服务投诉案例

案例5 电工乱收费

一、案例纲要

🔍**案例类型** 营业投诉—业务收费—收费项目。

🔍**事件摘要** 某县客户投诉当地电工收费不规范、不开具票据。

🔍**事件过程** 某县客户投诉当地电管所的分管电工，临时用电不安装计费电能表，建房用电按一栋房子600元收费，且不开具任何收据，长期反映没有得到处理。

二、客户心理分析

🔍托尔曼理论图示见图2-1。

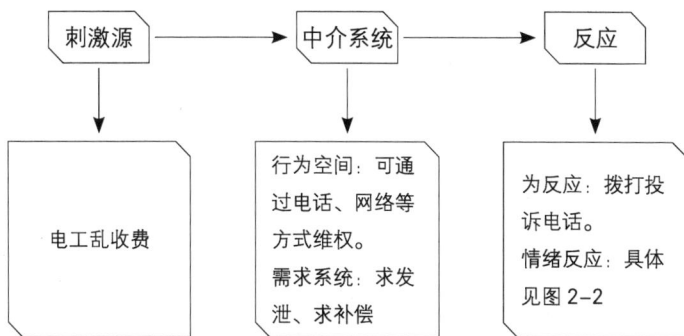

图2-1 托尔曼理论图示（案例5）

根据托尔曼中介系统理论，由于电工收费无任何依据，使得客户最终选择拨打95598投诉，要求调查电工并获得一定的补偿。该客户的投诉属于赔偿型投诉。

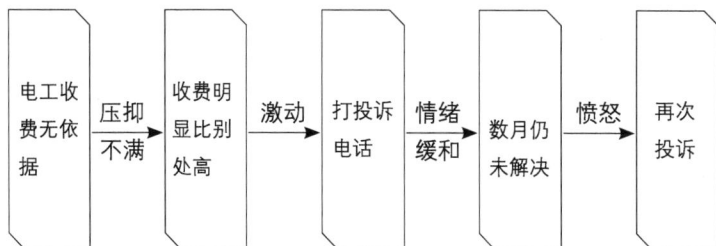

图2-2 客户心理变化阶段（案例5）

第一阶段：压抑阶段（约4个月）。电工没有任何依据地收费，且收费偏高。用户以为别的地方也这样收费，只能压抑着自己心中的不满："可能其他地方也都是这样收费的吧。"

第二阶段：激动与愤懑（约2天）。用户偶然知道别的地方收费都是有明确依据的，顿时明白了是自己这里的电工在搞鬼，电工为了一己私利，胡乱收费，直接导致本地收费普遍偏高。"真是乱来，怎么能多收我们的钱呢！我要投诉！"

第三阶段：指责阶段（约30分钟）。用户拨打电力公司电话进行投诉。指责电工这种乱收费的行为，"俺这电费收的就是比其他地方高！""每次收费都是索要多少，俺们就得给多少，没有任何票据。"

第四阶段：平静阶段（约1个月）。客服答应向上反映情况，承诺一定会马上解决问题。这时用户的心情才稍有平复，认为："这下一定没什么问题了，电力公司都答应帮俺们解决了，肯定会把多交的钱还给俺们的！"

第五阶段：爆发阶段（约30分钟）。"眼看着一个月都过去，等来等去都没有电力公司的人员主动跟俺们联系解决问题啊！"用户怒火中烧，决定再次拨打投诉电话，要求解决问题。"说帮我们解决问题，让俺们在家耐心等待工作人员跟我们联系，怎么还不解决？电工乱收费难不成是电力公司允许的！"

三、违反条款及暴露问题

✿违反条款

（1）《国家电网公司员工服务"十个不准"》第二条："不准违反政府部门批准的收费项目和标准向客户收费"。

（2）《国家电网公司供电服务规范》第五条第四款："严格执行国家规定的电费电价政策及业务收费标准，严禁利用各种方式和手段变相扩大收费范围或提高收费标准"。

✿暴露问题

（1）当地农电工管理不规范。

（2）临时用电不规范，存在乱收费、管理混乱、不到位现象。

四、整改措施

（1）针对客户反映问题调查取证，对不规范收费按规定进行退补。

（2）按照"四不放过"的原则及《国家电网公司员工奖惩规定》《国家电网公司供电服务奖惩规定》对责任人进行处理。

（3）加强《国家电网公司员工服务"十个不准"》《国家电网公司供电服务规范》等规章制度的学习。

（4）规范农村临时用电管理、抄核收管理。

（5）加强基层农电工管理，对农电工作人员进行服务规范、服务意识教育。

五、心理应对策略

（1）电工乱收费是造成该用户不满的主要原因。工作人员不能为了一己私利就违反供电公司的规定，要按照规定做到收费有依据。因此，公司要加强对农电工规章制度、业务素质的培训。

（2）在客户打电话进行第一次投诉阶段，客服人员要满足用户求发泄的意愿，帮助用户疏解心中的不满，而不能打断客户的倾诉，更不能表现出不耐烦的情绪。

（3）用户要求调查情况并给予赔偿时，工作人员不要急于辩解，更不要推卸责任，要向客户保证会调查核实并追究责任，对存在过失的工作人员进行处理并通知客户处理结果，这样能在一定程度上缓解客户的痛苦。

（4）在客户指责时，工作人员不能急于否认客户的观点，不能在客户情绪极度激动的情况下争辩是非，要有同理心，要学会换位思考，要站在用户的角度考虑问题。

（5）在客户打电话进行第二次投诉阶段，已经属于暴怒的状态了。客服人员不仅要满足用户求发泄的意愿，帮助用户疏解心中的不满，还要及时向用户诚心诚意道歉，以达到帮助用户压制其怒火的目的，使其可以冷静下来，交代整件事情的过程，帮助自己做好记录，便于事情能够得到及时处理。

案例6 农电工服务态度差

一、案例纲要

🔍**案例类型** 服务投诉—服务行为—农电工服务态度。

🔍**事件摘要** 农电工服务态度恶劣，挂断客户电话。

🔍**事件过程** 小区轮换电能表停电，客户孩子还未满月，急需用电，希望供电所农电工为其恢复送电，但是农电工拒绝服务，态度恶劣，造成客户不满，引发投诉。

二、客户心理分析

🔍托尔曼理论图示见图2-3。

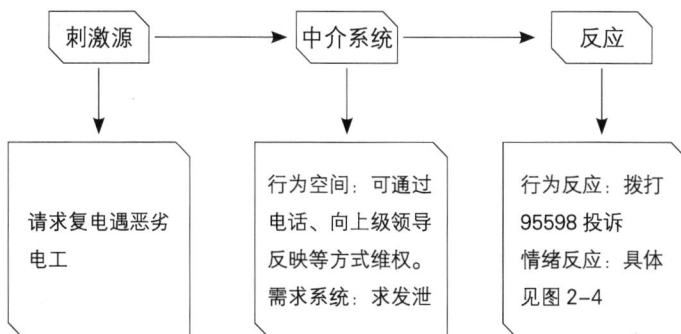

```
┌──────┐      ┌──────┐      ┌──────┐
│ 刺激源 │ ───→ │中介系统│ ───→ │ 反应 │
└──────┘      └──────┘      └──────┘
    │             │             │
    ↓             ↓             ↓
┌────────┐  ┌──────────┐  ┌──────────┐
│        │  │行为空间：可通过│  │行为反应：拨打│
│请求复电遇恶劣│  │电话、向上级领导│  │95598 投诉│
│电工     │  │反映等方式维权。│  │情绪反应：具体│
│        │  │需求系统：求发泄│  │见图 2-4│
└────────┘  └──────────┘  └──────────┘
```

图2-3 托尔曼理论图示（案例6）

该案例属于用电类型和求发泄型投诉。根据托尔曼中介系统理论，由于申请复电受到农电工的蛮横对待，客户产生一系列情绪变化。

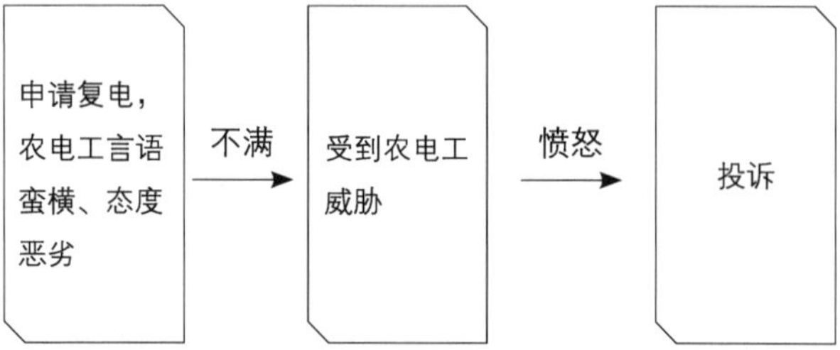

图2-4 客户心理变化阶段（案例6）

第一阶段：问题出现阶段（50分钟）。客户说明情况，希望尽快恢复送电。农电工的话语"你催那么急是等着投胎啊"让客户心里有点不满："我跟你好好说话，你这个同志态度怎么这样啊？"

第二阶段：矛盾激化阶段（4分钟）。农电工怒吼道："我态度怎么啦？我态度就这样，敢让我不痛快，我就敢让你天天黑灯瞎火。"听到农电工如此霸道的言语，加上家中小孩确实急需用电，客户情绪瞬间爆发，指责道："你有啥资格不让我用电？服务部门就是这么服务的吗？"农电工指着客户骂道："你看我有没有资格不给你用电。"说完，扬长而去，客户非常愤怒，决定投诉。

第三阶段：投诉抱怨阶段（2分钟）。客户受到农电工如此恶劣的态度，非常生气，拨打95598电话进行投诉，客服代表耐心听完客户的发泄和请求，承诺及时给客户复电，并彻查涉事电工，给客户一个交代。客户接受，结束投诉。

三、违反条款及暴露问题

⚙️违反条款

（1）《国家电网公司员工服务"十个不准"》第五条："不准违反首问负责制，推诿、搪塞、怠慢客户"。

（2）《国家电网公司供电服务规范》第四条第二款："真心实意为客户着想，尽量满足客户的合理要求。对客户的咨询、投诉等不推诿、不拒绝、不搪塞，及时、耐心、准确地给予解答"。

⚙️暴露问题

（1）农电工沟通能力不足，缺乏同理心，没有耐心向客户解释停电原因，安抚客户情绪。

（2）农电工服务意识淡薄，推诿、搪塞、怠慢客户，实际工作与"供电服务规范"及"三个十条"等相关要求相距甚远，未将供电服务规范、工作标准落实到实际行为中。

（3）农电工在服务过程中态度恶劣，挂断并拒接客户电话，严重背离供电企业优质服务要求，损坏了供电企业形象，造成了恶劣影响。

四、整改措施

（1）派工作人员核查具体情况，向客户赔礼道歉，取得客户谅解。

（2）按照"四不放过"的原则及《国家电网公司员工奖惩规定》《国家电网公司供电服务奖惩规定》对责任人进行处理。

五、心理应对策略

（1）在问题出现阶段，工作人员的恶劣言辞是客户情绪的根源，在面对客户的询问、请求时，工作人员不能使用不敬的言语，应认真对待客户的问题，以礼相待，建立良好的沟通氛围。

（2）在矛盾激化阶段，工作人员不能指责客户，更不能威胁客户，在任何情况下，都要保持平常心，以客户的需求为出发点，抓住问题的实质，及时挽救已经出现的不利局面，建立客户的信任感。

（3）在投诉阶段，工作人员的倾听是非常重要的，只有让客户充分发泄负面情绪，才能顺利地给予建议和达成共识。

案例7 农电工刁难阻挠客户用电

一、案例纲要

🔍**案例类型** 举报—行风廉政—其他违法违纪行为。

🔍**事件摘要** 农电工及供电所长利用职务之便刁难客户。

🔍**事件过程** 客户养殖需要申请新装用电，但因与农电工有矛盾，农电工从中作梗，并扬言只要他做农电工就不会让客户成功入户。客户反映给供电所所长，所长袒护包庇，称农电工不同意，客户就不能申请用电，并以手续不全为借口，三番五次阻止客户办理业务，客户表示强烈不满。

二、客户心理分析

🔍**托尔曼理论图示见图2-5。**

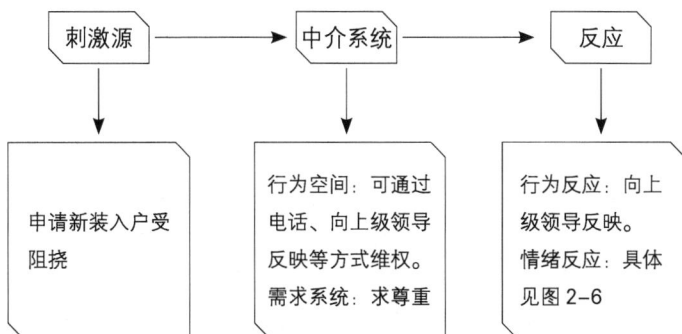

图2-5 托尔曼理论图示（案例7）

该案例属于用电类型和求尊重型投诉。根据托尔曼中介系统理论，由于申请新装入户受到当地农电工阻挠，使得客户选择向当地供电所所长反映问题，要求所长了解情况，还自己公道。在这一过程中，客户产生一系列情绪变化。

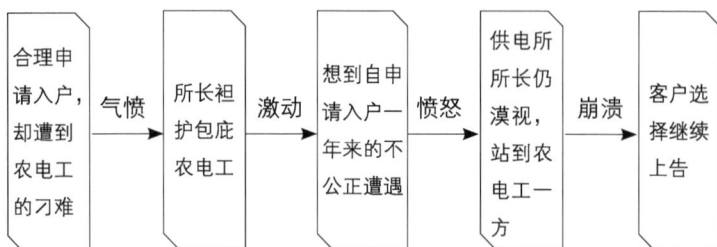

图2-6　客户心理变化阶段（案例7）

第一阶段：请求阶段（约15分钟）。客户到供电所申请新装用户，却被告知需争得所在地农电工同意，所以去找农电工沟通"因养殖场的设备运转，需要新装一个三相电能表。"由于两人过往有矛盾，农电工找出各种理由阻挠。客户表明申请的合理性后仍然遭到农电工的反对，农电工扬言："只要我做电工，就坚决不会给你入户"。客户的合理请求被拒，非常气愤，决定找供电所所长反映问题。

第二阶段：寻求解决阶段（约4分钟）。客户向当地供电所长反映农电工的刁难情况："我的请求很合理，但电工却因为私人恩怨不给我办理。"但所长告知客户："按照程序必须农电工同意，他不同意就是手续不全，找我也没用。"这样的回答将客户需求重新转回农电工手里，客户情绪开始激动。

第三阶段：指责阶段（约2分钟）。客户激动地说道："都一年了，我申请专业用电得不到批准，申请居民用电也不批准，仅申请生活照明还是不批准，打着为人民服务的旗号，干的却是见不得人的勾当。"客户由对农电工的不满上升到对供电所的不满，情绪相当愤怒。

第四阶段：威胁阶段（约3分钟）。供电所所长仍坚持手续不全，不予办理。客户崩溃："你们供电所和电工是一丘之貉，互相包庇，完全没有一点服务意识，我一定要继续上告直到给我个说法。"

三、违反条款及暴露问题

⚙️违反条款

（1）《国家电网公司供电服务规范》第四条第一款："严格遵守国家法律、法规，诚实守信、恪守承诺，爱岗敬业，乐于奉献，廉洁自律，秉公办事"。

（2）《国家电网公司供电服务规范》第四条第二款："真心实意为客户着想，尽量满足客户的合理要求。对客户的咨询、投诉等不推诿、不拒绝、不搪塞，及时、耐心、准确地给予解答"。

（3）《国家电网公司供电服务规范》第四条第五款："熟知本岗位的业务知识和相关技能，岗位操作规范、熟练，具有合格的专业技术水平"。

（4）《国家电网公司员工服务"十个不准"》第四条："不准违反业务办理告知要求，造成客户重复往返"。

（5）《国家电网公司员工服务"十个不准"》第五条："不准违反首问负责制，推诿、搪塞、怠慢客户"。

（6）《国家电网公司员工服务"十个不准"》第十条："不准利用岗位与工作之便谋取不正当利益"。

⚙暴露问题

（1）供电所所长责任缺失，农电工缺乏应有的职业道德。

（2）未真正落实行风建设，不正之风没有彻底消除，员工在现场工作中与公司要求相距甚远。

（3）业务管理存在漏洞，业扩报装流程执行不规范。

四、整改措施

（1）根据业扩报装管理规定，如客户符合新装用电条件，应告知客户新装流程及所需手续，并按规定时限为客户装表接电。

（2）工作人员应赶赴客户现场，就供电所所长违反"首问负责制"，推诿、搪塞、怠慢客户的行为向客户真诚道歉，并取得客户谅解。

（3）按照"四不放过"的原则，对照《国网公司供电服务奖惩规定》中的"服务过错惩处对照表"，对相关责任人进行处罚。

五、心理应对策略

（1）在客户请求阶段，工作人员不应以私人恩怨打击报复客户，应明确告知客户公私分明，只要满足申请入户的条件，就可以入户。这样的做法可以使客户安心。

（2）在寻求解决阶段，供电所所长不能包庇员工，不能急于拒绝客户的请求，应告知客户会先了解情况，只要有理有据，任何人都要按照制度办事，这样的沟通可以给客户一个信赖感。

（3）在指责阶段，工作人员应耐心倾听，让客户充分发泄不满情绪，之后再给客户承诺，避免客户将不满情绪蔓延到整个供电服务系统。

（4）在威胁阶段，工作人员不能漠视客户的根本需求，更不能跟客户呛声，要明白任何的威胁言语不是目的，其真正意图还是希望问题得到妥善解决。

案例8 老电工接错线路，客户被怀疑窃电

一、案例纲要

🔍 **案例类型** 投诉—服务行为—其他人员服务规范。

🔍 **事件摘要** 老电工更换电能表接错线路，客户被怀疑窃电。

🔍 **事件过程** 客户曾先生投诉该乡电业所老电工老王，在2011年夏天为其更换电能表时，将相线与电能表下三路线路接错，2016年在新电工上任后，发现线路接错问题，并告知客户因线路接错，导致存在窃电行为。客户表示现已将线路接回，但该工作人员因追补漏缴电费，要向客户收取400元罚款，客户对此表示不认可，所以打投诉电话，要求尽快核实处理。

二、客户心理分析

🔍 托尔曼理论图示见图2-7。

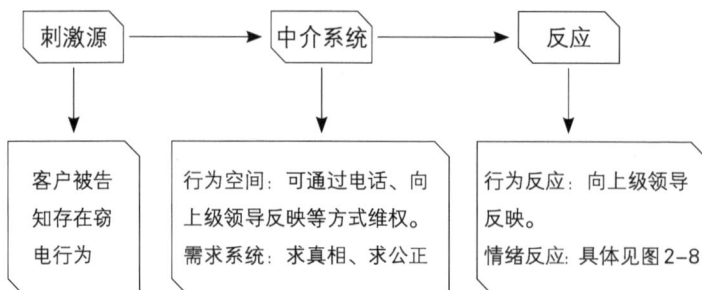

刺激源	→	中介系统	→	反应
↓		↓		↓
客户被告知存在窃电行为		行为空间：可通过电话、向上级领导反映等方式维权。需求系统：求真相、求公正		行为反应：向上级领导反映。情绪反应：具体见图2-8

图2-7 托尔曼理论图示（案例8）

该案例属于寻求公正对待的投诉。根据托尔曼中介系统理论，由于老电工安装电能表接错线路，导致客户蒙受"不白之冤"，正在委屈时，工作人员又让客户缴纳400元的窃电费，客户认为这不是自己的失误，为什么要交罚款呢？应该追究老电工的责任。客户的情绪开始激动，愤怒之余打电话投诉，让电力公司来家中查看，找到事情真相，以求公正待遇。

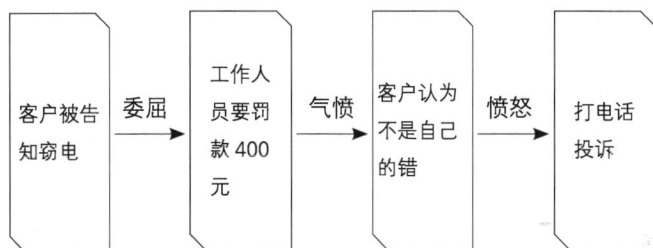

图2-8　客户心理变化阶段（案例8）

第一阶段：委屈阶段（约15分钟）。该乡的责任电工在所负责区域维修故障时，发现客户曾先生家电能表（老式三孔电能表）进出线接反，就怀疑曾先生家五年来存在窃电行为。客户被告知后觉得十分委屈。

第二阶段：气愤阶段（约10分钟）。该区责任电工认为客户存在实际的漏缴电费行为，于是向客户要求补交电费罚款400元。这样的惩罚让客户十分气愤，觉得还没有搞清楚事实真相，就莫名其妙地让交罚款，客户情绪开始激动。

第三阶段：愤怒阶段（约5分钟）。客户回忆起来，2011年老电工给他家更换过电能表，应该是那个时候将线路接错了，然后向责任电工解释，该电工说："那你找老电工解决问题吧，但罚款还是得交的，不行你投诉老电工好啦。"客户说："这不是我的错，为什么让我交罚款？"情绪转向愤怒，就直接打电话投诉老电工的错误操作，让上级部门派人来现场查看。

三、违反条款及暴露问题

✿违反条款

（1）《国家电网公司供电服务规范》第四条第二款："真心实意为客户着想，尽量满足客户的合理要求。对客户的咨询、投诉等不推诿、不拒绝、不搪塞，及时、耐心、准确地给予解答"。

（2）《国家电网公司供电服务规范》第四条第五款："熟知本岗位的业务知识和相关技能，岗位操作规范、熟练，具有合格的专业技术水平"。

（3）《国家电网公司员工服务"十个不准"》第二条："不准违反政府部门批准的收费项目和标准向客户收费"。

✿暴露问题

（1）老电工工作粗心，技术水平不过关。

（2）该区责任电工没有调查清楚就枉下结论，评判结果及罚款没有合理依据。

（3）收费及罚款规则不明确，对客户没有做好解释。

四、整改措施

（1）调查组工作人员现场查看分析，认为线路虽然接反，但不影响电能表计量，因此认定该区责任电工追补客户电费的依据不充分，将追补电费现场退还客户。

（2）对责任电工乱下结论的做法给予批评，让其给客户道歉，取得客户谅解。

（3）关于反映"老电工在2011年夏天给用户更换电能表时，火线与电能表下三路线路接错"问题，由于该农电工已退休，不再追究其工作失误责任。

（4）安排责任电工将电能表线路重新规范安装。

五、心理应对策略

（1）在客户不明事情原委阶段，工作人员应该耐心解释线路接错的后果，并分析可能原因，而不能武断地做出判断，造成客户十分委屈。

（2）在客户已经出现不满情绪时，工作人员就不能再进行罚款了，况且罚款的多少没有合理的依据，应该先调查事件的原因，与客户交谈和沟通此事。

（3）连续刺激之后，客户忍无可忍，到达愤怒的阶段，客服代表应耐心倾听，并向客户提供解决问题的方案，保证事件公正解决，消除客户的不良情绪。

第三章

接线客服投诉案例

案例9 客户咨询遭辱骂，态度恶劣被投诉

一、案例纲要

🔍**案例类型** 服务投诉—服务行为—其他人员服务态度。

🔍**事件摘要** 客户电话咨询停电问题，被工作人员辱骂。

🔍**事件过程** 某县客户反映，某日12时左右拨打当地供电所工作人员电话询问停电问题时，工作人员辱骂客户"你是有病吗？大晚上给我打电话"，客户表示非常生气，所以进行投诉。

二、客户心理分析

🔍托尔曼理论图示见图3-1。

该案例属于求尊重型投诉。根据托尔曼中介系统理论，客户因停电向当地供电所工作人员询问，工作人员辱骂客户，客户觉得自己没有受到尊重，情绪非常愤怒。

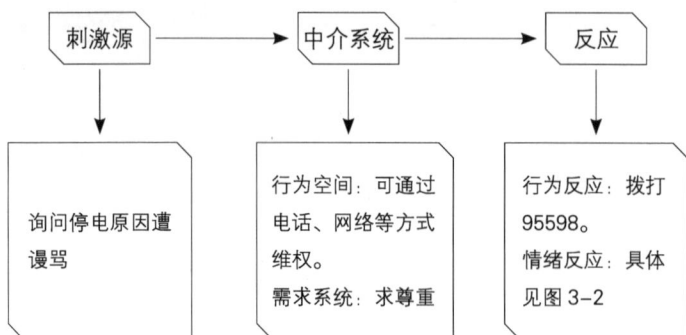

图 3-1 托尔曼理论图示（案例 9）

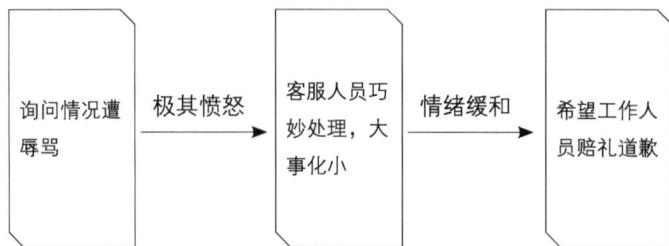

图 3-2 客户心理变化阶段（案例 9）

第一阶段：反映问题阶段（约 3 分钟）。客户家中突然停电，拨打供电所电话询问情况，供电所工作人员回答道："都 12 点了，等明天再说。"客户仍客气地解释："家里有婴儿，停电后非常不方便。"但工作人员极不耐烦地打断客户："你是有病吗？大晚上给我打电话。"随即挂断电话。客户听到后非常愤怒。一方面气愤供电所的服务态度，感觉自己受到不尊重的待遇；另一方面担心自己家庭不能正常用电而受到损失，决定投诉。

第二阶段：投诉阶段（约10分钟）。客户在投诉的过程中一直很激动："某供电所的工作人员不但工作上不作为，还出口骂人，我真是气死了，一定要让网友人肉他，看看他到底咋为人民服务的。"95598客服代表耐心听完客户的叙述，安慰道："先生，他骂人就是他的不对，您为这事气坏了身体可不值得，咱们呀，还是得把事情处理好，您希望我们这边做些什么呢？"客服代表报以同情心，让客户感觉到自己被理解、被尊重，满足了客户的心理需求。客户答道："一是希望你们尽快查清是谁，并给我一个合理的解释；二是要尽快恢复供电。"客服代表承诺已做好相关记录，会尽快处理，满足了客户的实际需求。这样，客户的情绪稍稍缓和，答应会耐心等待处理结果。

三、违反条款及暴露问题

⚙违反条款

（1）《国家电网公司员工服务"十个不准"》："不准违反首问负责制，推诿、搪塞、怠慢客户"。

（2）《国家电网公司供电服务规范》第四条第二款："真心

实意为客户着想，尽量满足客户的合理要求，对客户的咨询、投诉等不推诿、不拒绝、不搪塞，及时、耐心、准确地给予解答"。

⚙暴露问题

（1）供电所工作人员的沟通技巧有待提高，缺乏同理心，没有耐心向客户解释停电原因，安抚客户情绪，态度恶劣，辱骂客户，严重背离供电企业优质服务要求，损坏了供电企业形象，造成了恶劣影响。

（2）农电工服务意识淡薄，推诿、搪塞、怠慢客户，实际工作与"供电服务规范"及"三个十条"等相关要求相距甚远，未将供电服务规范、工作标准落实到实际行为中。

四、整改措施

（1）与客户联系沟通，就服务过程中的不规范行为向客户真诚道歉，争取客户理解。

（2）针对服务技巧、沟通能力等对全体人员进行专题培训。

（3）按照"四不放过"的原则及《国家电网公司员工奖惩规定》《国家电网公司供电服务奖惩规定》对责任人进行处理。

五、心理应对策略

（1）在反映问题阶段，工作人员不能用蛮横的态度辱骂客户，任何时间、任何地点，对待客户的咨询都应该耐心解释，换位思考，积极安抚客户因突发事件带来的不适应心理。

（2）在投诉阶段，工作人员要有同理心，时刻为客户着想，本案例中客服人员的行为是可取的，冷静面对激动的客户，抓住客户求尊重、求发泄、求同情的心理，并给予客户承诺，缓和了客户愤怒的情绪。

案例10　客服代表业务不熟练，服务态度差

一、案例纲要

🔍**案例类型**　服务投诉—服务行为—客服代表服务态度。

🔍**事件摘要**　客户拨打95598热线，反映停电造成冰箱食品腐坏，客服人员业务不熟练，服务态度差，引起客户不满。

🔍**事件过程**　客户反映停电造成冰箱食品腐坏，强烈要求赔偿损失。客服人员业务水平差，服务态度冷淡，不能理解客户的诉求，答非所问，存在推诿现象，使客户情绪失控。后来，当日值班班长接听电话，要求客户提供电力公司拉闸停电的证明，再给其处理，双方陷入争执状态，导致事态恶化。

二、客户心理分析

🔍托尔曼理论图示见图3-3。

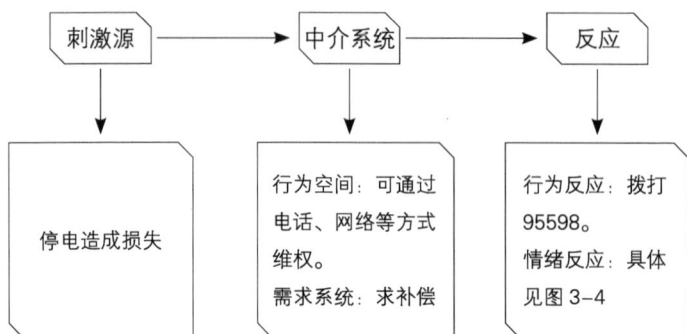

```
刺激源  ───→  中介系统  ───→  反应
  │            │              │
  ↓            ↓              ↓
┌────────┐  ┌──────────────┐  ┌──────────────┐
│        │  │行为空间：可通过│  │行为反应：拨打  │
│停电造成损失│  │电话、网络等方式│  │95598。       │
│        │  │维权。         │  │情绪反应：具体  │
│        │  │需求系统：求补偿│  │见图3-4       │
└────────┘  └──────────────┘  └──────────────┘
```

图3-3　托尔曼理论图示（案例10）

　　根据托尔曼中介系统理论，由于停电造成客户冰箱里的肉腐坏，使得客户最终选择拨打95598投诉，要求赔偿。在与客服人员的沟通中，产生一系列情绪变化。

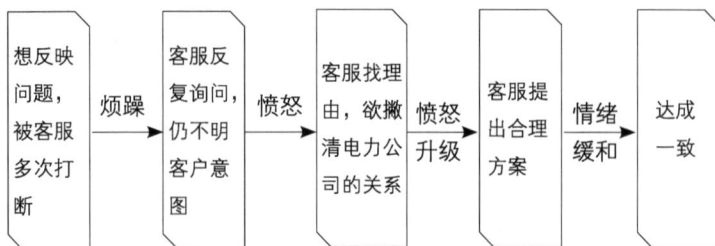

```
┌────────┐     ┌────────┐     ┌────────┐     ┌────────┐     ┌────────┐
│想反映  │     │客服反  │     │客服找理│     │客服提  │     │达成    │
│问题，  │烦躁 │复询问，│愤怒 │由，欲撇│愤怒 │出合理  │情绪 │一致    │
│被客服  │───→│仍不明  │───→│清电力公│升级 │方案    │缓和 │        │
│多次打  │     │客户意  │     │司的关系│───→│       │───→│       │
│断      │     │图      │     │        │     │        │     │        │
└────────┘     └────────┘     └────────┘     └────────┘     └────────┘
```

图3-4　客户心理变化阶段（案例10）

第一阶段：发泄阶段（约5分钟）。客户遭受损失，急需发泄心中不满，想求得认同，却被客服人员多次打断："你想反映什么问题呢？""哦，我了解。"导致客户不能完整、流畅地表达自己的想法。

第二阶段：求偿阶段（约4分钟）。客服人员没有及时理解客户反映的问题，反复询问："你到底有啥要求呢？""我们能做什么来帮助你呢？"客户开始急躁："我啥要求？东西都坏了，谁赔？你到底要我说多少遍才能听懂？"

第三阶段：指责阶段（约4分钟）。客服人员终于明白是由于电箱未上锁被人为拉闸导致停电。此时，客服人员解释："你没有欠费，我们不会拉闸，是不是小孩子调皮所为？"这样的解释让客户产生误解，认为电力公司推卸责任，不想赔偿，直接导致客户无比激动，开始愤怒。

第四阶段：不信任阶段（约1分钟）。客户怒吼道："记录有什么用？给你说了多少遍有啥用？你能解决啥问题？"对客服人员产生质疑，愤怒情绪达到极致。此时，客服人员答应帮助反映问题、核实情况、尽快解决，安慰道："您放心，我已如实记录您反映的情况，很快会有工作人员跟您联系，您觉得怎么样？"

第五阶段：妥协阶段（约3分钟）。客户接受提议，心情稍微缓和："那也只能这样了。"

三、违反条款及暴露问题

⚙违反条款

（1）《国家电网公司员工服务"十个不准"》："不准违反首问负责制，推诿、搪塞、怠慢客户"。

（2）《国家电网公司供电服务规范》第四条第二款："真心实意为客户着想，尽量满足客户的合理要求，对客户的咨询、投诉等不推诿、不拒绝、不搪塞，及时、耐心、准确地给予解答"。

（3）《国家电网公司供电服务规范》第四条第五款："熟知本岗位的业务知识和相关技能，岗位操作规范、熟练，具有合格的专业技术水平"。

（4）《国家电网公司供电服务规范》第十四条第三款："客户咨询或投诉叙述不清时，应用客气周到的语言引导或提示客户，不随意打断客人的话语"。

⚙暴露问题

（1）客服代表业务不熟练，理解能力差，不能领会客户诉求，对客户沟通解释不到位。

（2）客服代表服务意识淡薄，存在服务态度差，推诿、搪塞客户问题。

（3）客服代表服务能力欠缺，在客户情绪出现激动时，未及时安抚客户，有效化解矛盾。

四、整改措施

（1）与客户联系沟通，就服务过程中的不规范行为向客户真诚道歉，争取客户理解。

（2）按照"四不放过"的原则及《国家电网公司员工奖惩规定》《国家电网公司供电服务奖惩规定》对责任人进行处理。

（3）对全体人员进行警示教育。

（4）针对服务技巧、沟通能力进行专题培训。

五、心理应对策略

（1）在客户寻求发泄的阶段，客服代表不能随意打断客户，要耐心倾听，让客户及时、顺畅地排解不满情绪。

（2）在客户寻求补偿的阶段，客服代表不能反复询问客户已经表达清楚的诉求，要及时、准确地理解客户意愿。客服代表要注重加强自身业务技能的提升，加强沟通理解能力。

（3）在客户指责的阶段，客服代表不能急于否认客户的观点，不能在客户情绪极度激动的情况下争辩是非，要有同理心，学会换位思考。

（4）在客户的不信任阶段，本案例中的客服代表做出了正确的回应，及时给出了可行的解决方案，平息了客户的愤怒情绪，最终达成共识。

案例11 值班接线人员记错信息

一、案例纲要

🔍**案例类型** 服务投诉—服务行为—值班接线人员记错信息。

🔍**事件摘要** 客户拨打电话反映问题，接线人员记错信息，双方发生争执。

🔍**事件过程** 客户拨打供电公司值班电话，反映两个月内三次停电的情况，接线人员粗心记错信息，回复电话与客户核对信息时出现差错，双方发生争执，引起客户不满，客户要求找上级主管给出解释。

二、客户心理分析

🔍托尔曼理论图示见图3-5。

图 3-5　托尔曼理论图示（案例 11）

　　根据托尔曼中介系统理论，由于两个月内三次停电造成客户心情烦躁，打供电公司值班电话反映问题，接线人员粗心记错信息，回复电话核对时，客户发现刚提供的信息很多都被记错了，认为接线人员对其所反映的问题不重视，延误问题的解决，两人在电话里因错误的信息发生争执，客户的不良情绪进一步升级。

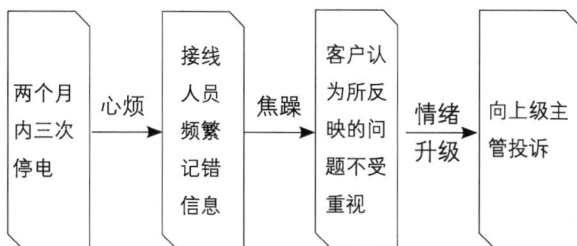

图 3-6　客户心理变化阶段（案例 11）

第一阶段：心烦阶段（5分钟）。多次停电给客户生活带来不便，于是客户拨通供电公司值班电话，反映问题，希望问题得到解决。在电话里，客户倾诉自己的感想，表现出急切需要帮助的状态，但接线人员似乎并不专心，总是说："哦""再说一遍""什么？没听清。"

第二阶段：焦躁阶段（约10分钟）。接线人员果然没有记清楚客户的姓名和地址，然后回复电话核对信息，开口就叫错了客户的姓名，并且地址也记错了，客户很生气："刚才不是和你说了吗？我是姓商，不是姓张！"接线人员说："你这个姓这么怪，我怎么能记得住。"客户开始焦躁："我说话的时候你就没注意听。"接线人员说："你那里也就停了几次电，有些地方天天都停电该急成啥样！"

第三阶段：情绪升级阶段（约3分钟）。客户情绪继续升级，认为自己不受重视，问题的解决被拖延。于是客户向上级主管部门反映，对接线人员失去信任。

三、违反条款及暴露问题

⚙️违反条款

（1）《国家电网公司员工服务"十个不准"》："不准违反首问负责制，推诿、搪塞、怠慢客户"。

（2）《国家电网公司供电服务规范》第四条第二款："真心实意为客户着想，尽量满足客户的合理要求，对客户的咨询、投诉等不推诿、不拒绝、不搪塞，及时、耐心、准确地给予解答"。

（3）《国家电网公司供电服务规范》第四条第四款："工作期间精神饱满，注意力集中"。

（4）《国家电网公司供电服务规范》第十四条第二款："接听电话时，应做到语言亲切、语气诚恳、语音清晰、语速适中、语调平和、言简意赅"。

⚙ 暴露问题

（1）接线人员工作不认真，理解能力差，对客户提出的问题不重视，与客户沟通不畅。

（2）工作人员服务意识淡薄，没有从客户思想感受出发，没能体会客户遇到问题时的焦躁情绪。

（3）工作人员说话太不礼貌，当核对信息时，应该客气、周到地引导提示客户，重要内容要重复确认、语调平和，准确记录信息。

四、整改措施

（1）客户反映所处地点两个月内停电三次的情况确实存在，

这是由于高温天气，导致熔断器熔断，造成多户无电，工作人员均及时维修处理，恢复供电。

（2）根据《国家河南省电力公司供电服务"零容忍"考核办法》，对相关责任人做出以下考核处理：对责任人经济处罚，责任班组长经济处罚，并在公司内通报批评。因故障停电非人为因素造成，不予考核。

（3）与客户沟通，向客户真诚道歉，争取客户理解。

（4）进行基层接线人员礼貌用语专题培训。

五、心理应对策略

（1）在客户因停电而心烦的阶段，工作人员要耐心倾听、认真记录、语气诚恳，重要内容要注意重复确认。

（2）在客户情绪升级的阶段，工作人员应该及时了解客户诉求，从自身找原因，礼貌地解释问题，让客户有存在感，让客户对工作人员的解释和安排有信心。

（3）不能与客户争执，要学会换位思考，及时给客户提供解决方案，提高办事效率。

第四章

抄表催费投诉案例

案例 12　抄催人员服务态度差

一、案例纲要

🔍**案例类型**　服务投诉—服务行为—抄催人员服务态度。

🔍**事件摘要**　某市客户欠费结清后要求复电，抄催人员超过24小时仍未给客户复电，并辱骂客户。

🔍**事件过程**　某市客户补交欠费后未及时恢复供电，要求工作人员及时恢复供电时，工作人员服务态度不好、存在辱骂客户现象，客户对调查处理结果表示不满意。

二、客户心理分析

🔍托尔曼理论图示见图4-1。

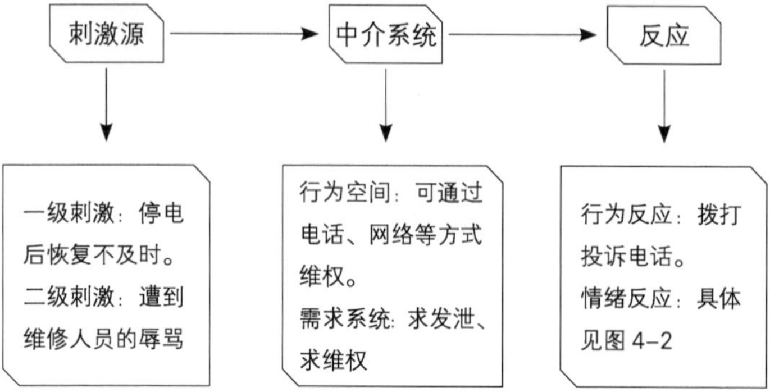

图 4-1　托尔曼理论图示（案例 12）

根据托尔曼中介系统理论，由于缴费后24小时内仍未复电，造成客户心情焦急和不满，在其主动与工作人员通电话后遭到谩骂，使得客户激愤异常，最终选择了拨打投诉电话。该用户的投诉属于求尊重型投诉。

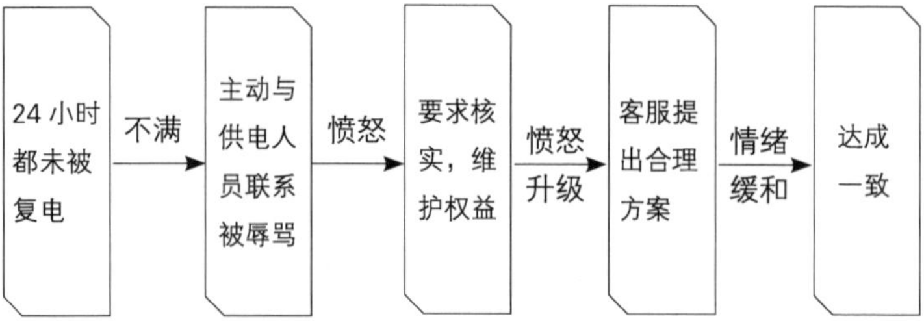

图 4-2　客户心理变化阶段（案例 12）

第一阶段：复电诉求阶段（约5分钟）。客户知道是由于自己的欠费造成了停电，于是去缴纳了电费，并被告知24小时内会恢复供电。此时客户并没有什么异常的情绪，还是很冷静、理智地来处理问题："毕竟是我自己没顾得上交电费，也怨不得别人。""交了电费应该就没啥问题了吧。"

第二阶段：催电阶段（约20分钟）。24小时后仍未复电，这时候客户变得焦躁起来，而且也越来越不满："欠费是我的错，但是我都交费一天了，咋还不来电，这可就是供电公司的不对了！"在主动与现场工作人员通电话后，不仅没有达成复电的请求，还被骂了一通："谁让你欠费了，你咋这么麻烦人！让你等等就咋了，你不该等吗？"

第三阶段：催电未果阶段（约10分钟）。愤怒挂机的客户这时变得怒不可遏："你不主动跟我联系就罢了，我主动给你打电话，你还骂人！"客户越想越憋气，决定打电话投诉。

第四阶段：投诉阶段（约20分钟）。客户怒吼道："你们这儿的员工就这态度，还骂人？你们尽快核实情况，给他通报批评。""你们把我们客户放在什么地位，还不能欠费了！"此时，客服人员答应帮助反映问题、核实情况、尽快解决，安慰道："您放心，我已如实记录您反映的情况，我们会尽快把情况调查清楚，给您解决问题。"

第五阶段：妥协阶段（约3分钟）。客户接受提议，此时的心情稍微缓和："那也只能这样了，一定要告诉我你们的处理结果。"

三、违反条款及暴露问题

❖违反条款

（1）《国家电网公司供电服务"十项承诺"》第二条："对欠电费客户依法采取停电措施，提前7天送达停电通知书，费用结清后24小时内恢复供电"。

（2）《国家电网公司供电服务规范》第四条第二款："真心实意为客户着想，尽量满足客户的合理要求，对客户的咨询、投诉等不推诿、不拒绝、不搪塞，及时、耐心、准确地给予解答"。

（3）《国家电网公司员工服务"十个不准"》第一条："不准违规停电、无故拖延送电"。

（4）《国家电网公司供电服务规范》第六条第二款："为客户提供服务时，应礼貌、谦和、热情。与客户会话时，应亲切、诚恳，有问必答"。

❖暴露问题

（1）抄催人员欠费停复电行为不规范，客户结清费用后没有按规定在24小时内给客户恢复供电。

（2）抄催人员在服务意识、工作态度、工作责任心等方面有待进一步提升，规章制度执行不严、学习掌握不彻底，未真正使服务规范、工作标准和员工行为规范落到实处。

（3）抄催人员应有的服务主动性不够，执行优质服务缺乏自觉性，没有做到"想客户之所想，急客户之所急"，没有真正从内心正视供电服务工作的内涵，态度不良、言行随意，引起客户不满，造成投诉事件的发生，损害了供电企业服务形象。

四、整改措施

（1）立即安排工作人员到现场为客户恢复供电。

（2）对工作人员是否存在辱骂客户情况进行调查取证，并做好客户沟通，如存在上述问题，应向客户诚恳道歉，争取客户谅解。

（3）按照"四不放过"的原则及《国家电网公司员工奖惩规定》《国家电网公司供电服务奖惩规定》对责任人进行处理。

（4）加强欠费停复电管理，做到依法、做规范停复电。

五、心理应对策略

（1）在客户复电请求阶段，客户是冷静和理智的，供电公司应该积极主动地为客户解决问题。

（2）客户催电阶段时，已经是心情急躁不满了，不免会发几句牢骚。工作人员不能态度冷漠，更不能谩骂客户，而要给予足够的尊重，承诺及时给予供电。这就需要员工平时注意培养自己的同理心，注意提高自己的职业操守。

（3）客户愤怒不满时，不要无所作为，更不要顶撞客户，要尽快给客户恢复供电，并且态度诚恳、主动地向客户道歉，尽量帮助客户发泄自己的不良情绪，平息客户心中的怒火。给客户解释清楚没有及时恢复供电的原因，争取客户理解。

（4）在客户投诉时，本案例中的客服代表做出了正确的回应，她及时给出了可行的解决方案，平息了客户的愤怒情绪，最终达成共识。客服代表就应该做到不争辩是非，详细地了解具体情况，给予客户合理的解决方案。

案例13 长期漏抄造成客户损失

一、案例纲要

🔍**案例类型** 营业投诉—抄表催费—抄表。

🔍**事件摘要** 抄表人员长时间漏抄电能表，引起客户不满。

🔍**事件过程** 某市客户反映当地抄表员连续10个月未抄表，待抄表时电能表示数已累计10个月电量。由于客户房屋出租，租客已在期间搬走，现累计电费需要客户垫付，客户对此非常不满。

二、客户心理分析

🔍托尔曼理论图示见图4-3。

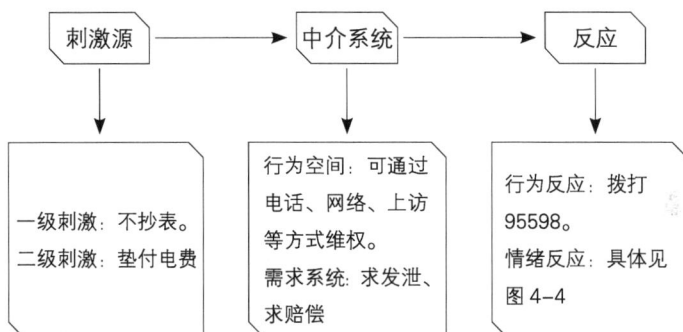

图 4-3　托尔曼理论图示（案例 13）

根据托尔曼中介系统理论，抄表员连续10个月不抄表是一级刺激，垫付租客使用的累计电费是二级刺激，在这些不愉快的事件影响下，客户最终选择了拨打95598投诉。客户心理属于正当投诉的求偿心理和发泄心理。

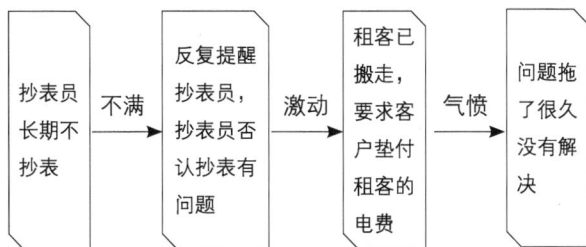

图 4-4　客户情绪变化阶段（案例 13）

第一阶段：不满阶段（约1分钟）。客户对工作人员不抄表的行为感到生气，但是鉴于向第三方叙述，客户在刚开始时能够克制自己的情绪："中间这么长时间不抄表，我的表在户外了。"

第二阶段：激动阶段（约2分钟）。客户得到认同后，激发了其诉说欲求，将事情经过详细述说一遍，叙说过程中重新体验了一遍气愤的经历使客户的情绪升级："每个月发短信都是零，刚开始还问他是不是抄错了，他说没错！"

第三阶段：气愤阶段（约4分钟）。客户的情绪达到顶峰，持续时间比较长，负面情绪得到充分排解："几个月后我还是觉得不对劲，又问他是不是抄错了，他看看还说就是这个数字，没抄错。"

第四阶段：烦躁阶段（约2分钟）。发泄使客户的情绪得到一定程度的缓和，发泄心理得以满足，但是赔偿要求还未实现，所以客户感觉烦躁并为此抱怨："表在户外你不抄表，看弄到现在。"

三、违反条款及暴露问题

⚙违反条款

（1）《供电营业规则》第八十三条："供电企业应在规定的日期抄录计费电能表读数。由于用户的原因未能如期抄录计费电能表读数时，可通知用户待期补抄或暂按前次用电量计收电费，待下次抄表时一并结清"。

（2）《电费抄核收管理细则》第十四条："严格按规定的抄

表周期和抄表例日准确抄录客户用电计量装置记录的数据。严禁违章抄表作业，不得估抄、漏抄、代抄。确因特殊情况不能按期抄表的，应及时采取补抄措施"。

（3）《国家电网公司供电服务规范》第四条第二款："真心实意为客户着想，尽量满足客户的合理要求，对客户的咨询、投诉等不推诿、不拒绝、不搪塞，及时、耐心、准确地给予解答"。

（4）《国家电网公司供电服务规范》第四条第五款："熟知本岗位的业务知识和相关技能，岗位操作规范、熟练，具有合格的专业技术水平"。

⚙暴露问题

（1）抄表催费人员在服务意识、工作态度、工作责任心等方面有待进一步提升，规章制度执行不严、学习掌握不彻底，未真正使服务规范、工作标准和员工行为规范落到实处。

（2）供电公司日常监管不严，对员工随意违规行为未及时制止，造成负面影响。

四、整改措施

（1）与客户联系沟通，就服务过程中的不规范行为向客户真诚道歉，争取客户理解。

（2）按照"四不放过"的原则及《国家电网公司员工奖惩规定》《国家电网公司供电服务奖惩规定》对责任人进行处理。

（3）加强抄表管理，加强相关工作人员服务规范专题培训。

五、心理应对策略

（1）当客户有不满情绪时，现场工作人员不能怀有敌意的态度，也不能置之不理，而是应该关切地询问不满原因，使客户发泄出不满的情绪。只有让客户表达出意见，我们才能了解并满足客户的需求，进而使客户满意。

（2）客户处于激动情绪时，现场工作人员既不能频繁打断客户说话，也不能不去理会客户，应该平静地将目光落在客户的肩膀和嘴巴之间的三角区，并适时地回应"嗯""我理解"等鼓励性言语。

（3）情绪具有感染性。当客户异常愤怒时，现场工作人员的情绪不能受到影响，要时刻保持冷静。如果条件许可，最好给客户倒杯凉开水，既表现出对客户的关怀，也能使客户的情绪稳定下来。

（4）客户烦躁就会抱怨，现场工作人员应该具有同理心，继续耐心安抚客户的情绪。客户发泄后情绪会稍微缓和，但是还未回归平静，千万不要在最后关头失去耐心，反而再次激怒客户。

案例14 估抄电量太随意

一、案例纲要

🔍**案例类型** 营业投诉—抄表催费—抄表。

🔍**事件摘要** 某县客户反映当地抄表员不按实际电量抄录，存在估抄、错抄电量问题。

🔍**事件过程** 某县客户来电反映，当地抄表人员工作不认真，对负责抄表的150多个用户都多抄电量，多抄6万多kwh，存在估抄、错抄电费的行为，要求供电公司相关部门尽快查实处理。

二、客户心理分析

🔍托尔曼理论图示见图4-5。

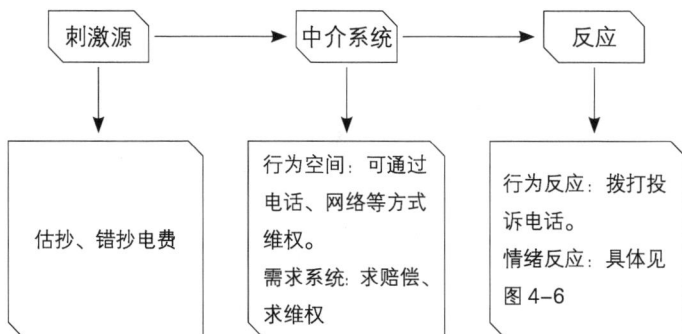

图 4-5 托尔曼理论图示（案例 14）

根据托尔曼中介系统理论，当地抄表人员估抄、错抄的行为，造成客户的不满，最终选择了拨打投诉电话。该客户的投诉属于求赔偿型投诉。

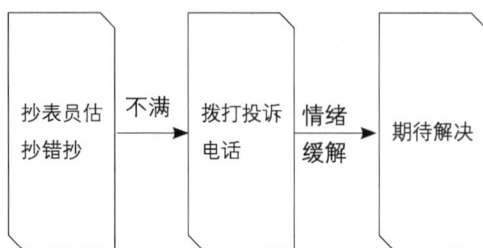

图4-6　客户心理变化阶段（案例14）

第一阶段：不满愤懑（约30分钟）。用户得知当地抄表人员多抄6万多kwh电量，存在估抄、错抄电费的行为。于是心情很是愤懑不平："怎么能多抄这么多电呢！他们就是随意胡写的吧？多收我们那么多钱，中饱私囊！"

第二阶段：投诉阶段（约20分钟）。"你们的抄表员怎么能多抄这么多电呢！明白的就是瞎扯！""那得多收我们多少钱啊，6万多度电呢！"客服代表态度良好："先生，您能仔细跟我叙述一下整件事情的来龙去脉吗？我详细给您记录下来，便于我们尽快核实情况，给予你们合理的赔偿。"

第三阶段：妥协阶段（约3分钟）。客户接受提议，此时的心情稍微缓和："请你们尽快查明情况，给予我们应有的赔偿！"

三、违反条款及暴露问题

✿违反条款

《国家电网公司电费抄核收管理规则》第三章第十四条："严格按规定的抄表周期和抄表例日准确抄录客户用电计量装置记录的数据。严禁违章抄表作业，不得估抄、漏抄、代抄"。

✿暴露问题

（1）供电公司日常监管不严，对员工随意违规行为未及时制止，造成负面影响。

（2）抄催人员在服务意识、工作态度、工作责任心等方面有待进一步提升，规章制度执行不严、学习掌握不彻底，未真正使服务规范、工作标准和员工行为规范落到实处。

四、整改措施

（1）抄表时应严格执行《国家电网公司电费抄核收管理规则》《河南省供用电条例》等规章制度，规范农电管理，严格电费抄收管理，避免工作差错，切实保障电力客户权益，维护供电企业良好形象。

（2）按照"四不放过"的原则及《国家电网公司员工奖惩规定》《国家电网公司供电服务奖惩规定》对责任人进行处理。

五、心理应对策略

（1）客户愤懑不满的时候，要耐心倾听客户的诉求，让客户先发泄一下自己的不满。不要顶撞客户，更不要随意敷衍。

（2）待客户表明自己要求赔偿的意图后，客服代表要承诺顾客在核实情况后，会按规章制度来给予赔偿。不能打断回绝客户的请求，否则只能火上浇油，无益于问题的解决。

（3）该客户属于求赔偿型投诉。客服代表要注意在平时增加自己的沟通能力，清楚了解客户的意图，才能对症下药，在一定程度上更好地缓解客户的情绪，让客户满意本次投诉。

案例15　反复抄错电能表惹客户不满

一、案例纲要

🔍**案例类型**　营业投诉—抄表催费—抄表。

🔍**事件摘要**　某市客户两次来电投诉，抄表人员反复抄错电能表读数。

🔍**事件过程**　某市客户7月反映抄表人员将其电能表指数1217抄成1794，存在错抄行为，供电公司处理后，9月再次出现错抄现象，客户表示非常不满，要求供电公司相关部门尽快核实处理，并给出合理解释。

二、客户心理分析

🔍托尔曼理论图示见图4-7。

图 4-7　托尔曼理论图示（案例 15）

根据托尔曼中介系统理论，客户第一次发现电能表抄错时非常不满，投诉后虽获得经济补偿，但是对工作人员的信任度下降，所以客户的警惕心提高。再次抄错导致客户的情绪升级，再次致电95598投诉。该案例属于赔偿型的正当投诉。

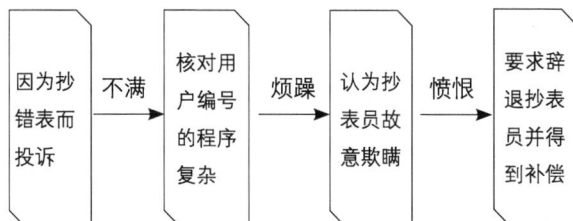

图 4-8　客户心理变化阶段（案例 15）

第一阶段：不满阶段（约1分钟）。客户的电能表抄错造成经济损失，客户为工作人员不负责任的行为感到生气。"本来是1217，他抄成1794，这是我发现了，以前没发现的不知道多收我多少钱？"

第二阶段：烦躁阶段（约1分钟）。客户为反映此事拨打过很多次95598，信息核对过很多次，客户称记不清编号了，但是工作人员还是询问是否是此编号，客户感到不耐烦。"编号我不记得，我都核对过很多次了，就是那个编号！"

第三阶段：报复阶段（约2分钟）。客户的财产被窃取，内心非常不满，让抄表员为欺骗行为付出代价能使客户内心获得平衡感。"像这样的员工私吞多少人民财产，你们必须处理，不仅要他退补我们电费，而且应该辞掉他，这样的行为肯定不只一次，你们公司不能存在这样的害群之马！"

第四阶段：不满阶段（约3分钟）。投诉过一次后再次发现抄错，使客户的情绪升级。后来发现是误会，客户不再激动，但是工作人员的疏忽使客户虚惊一场并感到不满。"你们赶紧把示数改过来，别再让我们为此担心了。"

三、违反条款及暴露问题

✿违反条款

（1）违反《国家电网公司电费抄核收管理规则》第三章第

二十三条："抄表数据应及时进行复核。发现电量突变或分时段数据不平衡等异常情况，应立即进行现场核实；确有异常时，应提出异常报告并及时处理"。

（2）违反《国家电网公司电费抄核收管理规则》第三章第二十三条："抄表当天应完成全部抄表数据复核工作，并及时将流程传往电费核算环节"。

（3）《国家电网公司电费抄核收管理规则》第三章第十四条："严格按规定的抄表周期和抄表例日准确抄录客户用电计量装置记录的数据。严禁违章抄表作业，不得估抄、漏抄、代抄"。

⚙暴露问题

（1）供电公司日常监管不严，电采系统抄录电能表示数后，工作人员未进行统一复核，导致错抄问题未及时发现，引发客户不满。

（2）工作人员责任心不强，客户首次投诉错抄问题为其纠正后，未对电采系统进行跟踪监控，未彻底解决电采系统的问题，导致客户电量再次被抄错，引发客户重复投诉。

四、整改措施

（1）与客户联系沟通，就服务过程中的不规范行为向客户真诚道歉，争取客户理解。

（2）按照"四不放过"的原则及《国家电网公司员工奖惩规定》《国家电网公司供电服务奖惩规定》对责任人进行处理。

（3）相关部门应加强供电服务过程监督，及时发现工作中的问题，健全考核制度，严格按照规定对客户进行抄、核、收工作，对电采系统应实施监控，对采集数据及时复核，发现问题立即更改，从根本发现问题，彻底解决问题。

五、心理应对策略

（1）应该及时向客户道歉，向客户承诺一定会调查问题给客户一个满意的回答。不要回答客户的猜测，也不要为工作人员的行为找理由。

（2）客户多次反映的情况下，没必要重复询问的信息可以省去，客户已经称记不得的信息尽量别再重复问，要学会灵活应对客户的投诉。

（3）首先要表示会重视客户的建议，但不能直接回应客户是否会辞掉抄表员，要向客户承诺会调查此事，情况属实的情况下，一定会对抄表员进行处罚。

（4）立即将记录的示数修改过来，不要找借口，并向客户致歉。

案例16 未抄电能表拒不承认，引发客户重复投诉

一、案例纲要

🔍**案例类型** 营业投诉—抄表催费—抄表。

🔍**事件摘要** 某市客户来电反映，抄表人员未抄电能表情况，首次投诉当地供电公司拒不承认，导致客户再次投诉。

🔍**事件过程** 某市客户来电反映，首次投诉漏抄电能表后，当地供电公司答复客户反映不属实。客户表示2015年3月30日电能表底数为1008.45kWh，经系统查询，3、4月用电量为0kWh，底数为956kWh，确实存在未抄表的问题。客户对当地供电公司答复结果表示不满，要求供电公司继续核实并答复。

二、客户心理分析

🔍托尔曼理论图示见图4-9。

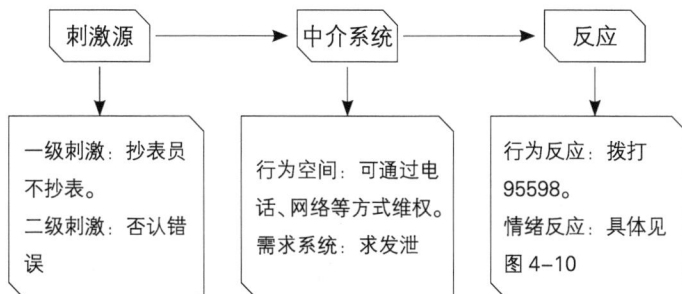

图 4-9 托尔曼理论图示（案例 16）

根据托尔曼中介系统理论，抄表员长期不抄表对客户是一级刺激，客户投诉后，抄表员不仅没有纠正错误，而且拒绝承认错误，引发客户二次投诉。该案例属于寻求发泄的正当投诉心理。

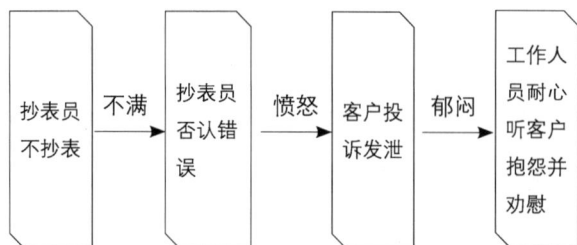

图 4-10 客户心理变化阶段（案例 16）

第一阶段：不满阶段（约2分钟）。客户多次联系抄表员催促其抄表，但是抄表员依然不履行职责，耽误客户转让房子。因此，客户很不满意。"我说把我用的电钱先交了，我跟他说了好几次，到现在还是不抄表，这不是耽误事儿吗？"

第二阶段：愤怒阶段（约10分钟）。客户了解到抄表员否认了没抄表的事实，这意味着诬陷客户说谎。客户又联想到抄表员的失职给自己带来的麻烦，因此情绪升级，反复指责电力公司在推卸责任。"几个月都不抄表本身就是你们不对，你们还不承认！你们这样推卸责任对吗？我有必要说谎吗！看你们的服务咋回事儿啊！"

第三阶段：郁闷阶段（约4分钟）。客户发泄后，情绪稍微得到缓解，但是问题依然没解决，内心感觉烦闷。"你看不抄吧给我带来麻烦，这么个小事耽误到现在，本来以为早抄早解决了，你看又弄个这，你说烦不烦！"

三、违反条款及暴露问题

⚙**违反条款**

违反《国家电网公司电费抄核收管理规则》第三章第十四条："严格按规定的抄表周期和抄表例日准确抄录客户用电计量装置记录的数据。严禁违章抄表作业，不得估抄、漏抄、代抄。确因特殊情况不能按期抄表的，应及时采取补抄措施"。

⚙**暴露问题**

（1）抄表员在服务意识、工作态度、责任心等方面有待进一步提升，规章制度执行不严，未将服务规范、工作标准落实到工作人员的思想和行动上。

（2）供电公司工作流程缺乏有效监督,客户首次投诉后重视度不够，核查工作随意，未真正发现问题，引发客户再次投诉。

四、整改措施

（1）提高抄表人员客户服务意识，严格按照相关规章制度执行抄、核、收工作，加强抄表、核算人员工作责任心，在实际工作中端正工作态度，规避错误，并且可以通过自查、互查等多种手段，防微杜渐，用心思考，用心服务，把抄、核、收工作做细，将错抄、估抄、漏抄等不良现象彻底杜绝。

（2）对待客户投诉要高度重视，洞察客户的心声，真正做到为客户服务，把客户利益放在首位，想客户之所想，避免因工作疏忽引发客户不满，导致重复投诉。

（3）按照"四不放过"的原则及《国家电网公司员工奖惩规定》《国家电网公司供电服务奖惩规定》对责任人进行处理。

五、心理应对策略

（1）现场工作人员应该鼓励客户诉说不满，请客户详细讲解事情经过。不能用冷漠的语气和抵触的心态对待客户的不满。

（2）如果解释不能得到客户的赞同，现场工作人员要马上道歉，并迅速把握客户的意见，重新调查并反馈，不能与客户抢话争辩。

（3）向客户道歉并耐心劝慰客户，承诺会马上解决问题，使客户宽心。

案例17 抄表不准确

一、案例纲要

案例类型　投诉—营业投诉—抄表催费—抄表。

事件摘要　抄表员估抄电能表，引发客户投诉。

事件过程　客户反映电能表计数异常，其中一块电能表的示数为35461，但是收费已经收到37456。同时客户表示另外一块电能表不用电，但示数一直在走，而且电费也一直在缴，示数是36553，但缴费交到了41215，客户怀疑供电公司的工作人员故意窃电，要求调查并处理。

二、客户心理分析

托尔曼理论图示见图4-11。

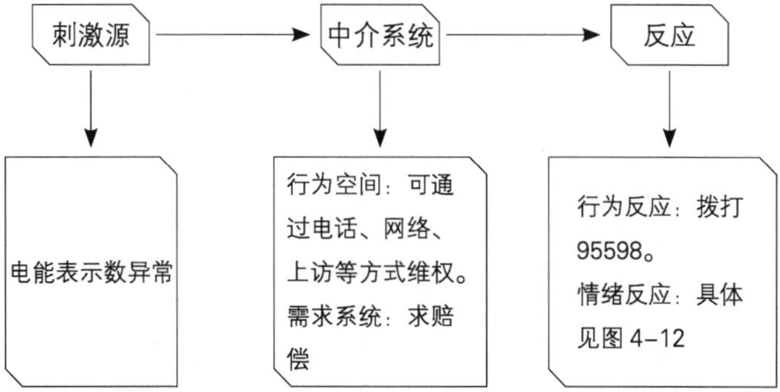

图 4-11　托尔曼理论图示（案例 17）

根据托尔曼中介系统理论，客户电能表计数异常，造成较大经济损失是客户投诉的原因，客户先是通过拨打95598客户热线投诉，如果解决不了，将有可能继续上诉。该案例属于赔偿型的正当投诉。客户投诉时很理智，虽然不满意，但是情绪反应并不激烈，不满的情绪主要通过唠叨的方式表达出来。

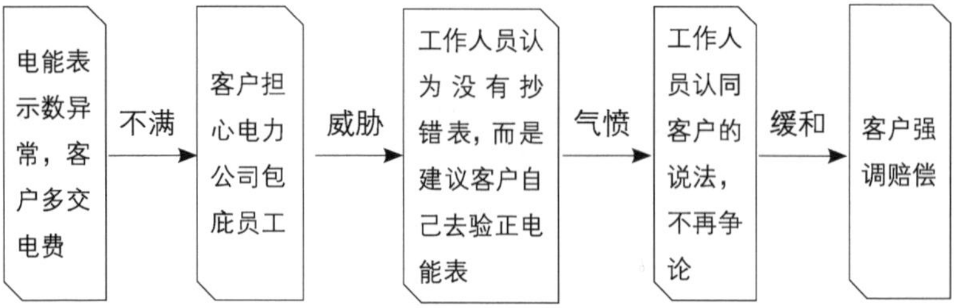

图 4-12　客户心理变化阶段（案例 17）

第一阶段：不满阶段（约3分钟）。客户在不用电的情况下发现电能表示数仍然在走，而且实际示数与缴费示数相差太大，客户认为是供电公司工作人员故意窃电，他们利用职权优势欺骗自己，让自己遭受经济损失，感到非常气愤。"现在都是减轻农民负担，减轻个体户负担，现在是几个月都多抄我几千度，你们电业局是怎么工作的？太不像话！"

第二阶段：威胁阶段（约2分钟）。客户担心供电公司包庇工作人员，因此用威胁的方法引起有关部门的重视。"这个你得给我核实，如果你们不给我解决我就上告你们，一直告到北京。"

第三阶段：气愤阶段（约4分钟）。客户坚信是被窃电，但是工作人员让客户去校验电能表，这表示对客户的怀疑，不认同客户的遭遇，也让客户感觉到有推脱责任的嫌疑，因此客户的情绪在此时表现的相对强烈。"电能表是你们安的，又不是我安的，是不是经过你们验证的？""电能表没问题，再说了有问题的电能表你们为啥要给我安，是不是故意的，我更要告你们了。"

第四阶段：要求阶段（约1分钟）。客户遭遇的损失是显而易见的，并且得到工作人员的确认，客户希望有经济赔偿，但是工作人员却用电来抵偿，客户因此对处理结果不满意。"我这么大损失怎么办，我当时举报的时候你们都说了，如果出现这样的现象一是退款，二是做出经济补偿，现在我也没见怎么补偿，我非常不满意。"

三、违反条款及暴露问题

⚙违反条款

（1）《供电营业规则》第八十三条："供电企业应在规定的日期抄录计费电能表读数"。

（2）《国家电网公司供电服务规范》第十九条："供电企业应在规定的日期准确抄录计费电能表读数。因客户的原因不能如期抄录计费电能表读数时，可通知客户待期补抄或暂按前次用电量计收电费，待下一次抄表时一并结清。确需调整抄表时间的，应事先通知客户"。

（3）《国家电网公司供电服务规范》第四条第五款："熟知本岗位的业务知识和相关技能，岗位操作规范、熟练，具有合格的专业技术水平"。

⚙暴露问题

（1）抄表管理不严谨，规章制度执行不到位，存在估抄、错抄现象。

（2）电费核算工作质量不高、不细致，未发现电量异常，没能及时纠正抄表错误，引发客户不满。

四、整改措施

（1）首先安抚客户情绪，立即派人现场核实电能表实际示数，按照实际电量重新计算电费，消除客户被窃电的质疑。

（2）对于客户反映的第二块不用电仍走字的电能表，现场核实是否存在窃电、表计故障等现象，并按规定流程处理。

（3）加强管理制度宣贯和员工责任心教育的培训。

（4）按照"四不放过"的原则，对照《国网公司供电服务奖惩规定》中的"服务过错惩处对照表"，对相关责任人进行处罚。

五、心理应对策略

（1）现场工作人员应该提高敏感性，积极地询问客户原因，请客户详细讲述，让客户感受到我们对这件事的关心。不能受客户情绪的影响，一听到质问的语气就起抵触心理。

（2）现场工作人员要明白客户威胁的目的。事实上，客户也不希望通过曲折复杂的方式去维护自己的权益，上告也好，媒体曝光也好，一般都是最后采取的方式。工作人员应该向客户承诺会给一个满意的答复，请客户给予时间等待结果，不要与客户起争执。

（3）工作人员对客户的问题有疑问时，应该在客户的陪同下一起寻找证据。不能质疑客户的反映，不能给事实找假定的原因，更不能让客户自己寻找证据。

（4）对于确定是由供电公司造成的损失，应直接答应客户的合理要求，赔偿损失。工作人员不能一意孤行，应勇于为过失行为承担责任。

第五章

电能计量投诉案例

案例 18　轮换电能表前未通知

一、案例纲要

🔍**案例类型**　营业投诉—电能计量—轮换、户表改造。

🔍**事件摘要**　某市客户反映小区内进行户表轮换，轮换前没有通知到客户。

🔍**事件过程**　供电公司对某小区进行户表轮换，客户没有接到轮换电能表的通知，并且因轮换电能表造成客户与邻居电能表线路接错。

二、客户心理分析

🔍托尔曼理论图示见图5-1。

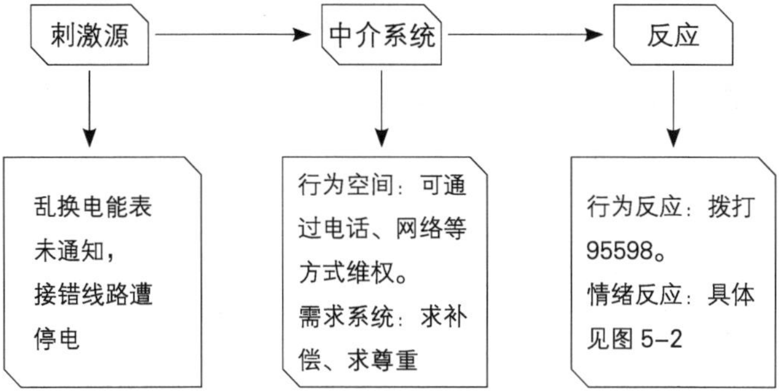

图 5-1　托尔曼理论图示（案例 18）

该案例属于求补偿型和求尊重型投诉。根据托尔曼中介系统理论，客户在轮换电能表时没有收到通知，后又发现与邻居家的电能表接错，客户拨打95598投诉，强烈质疑工作人员的工作能力和服务态度。在这一事件中，客户的情绪经历了一系列变化。

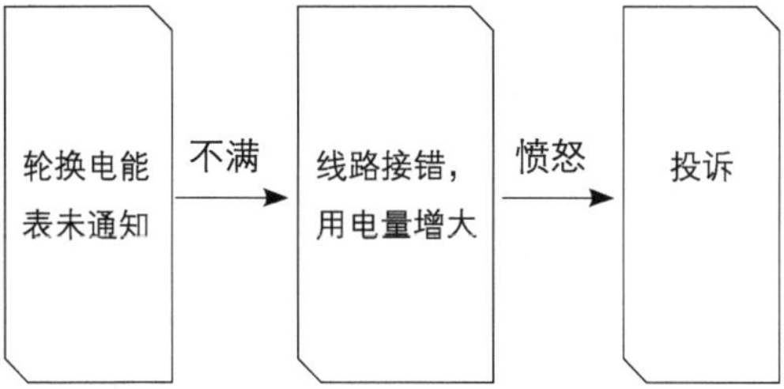

图 5-2　客户心理变化阶段（案例 18）

第一阶段：问题出现阶段（约4分钟）。客户未欠费被拉闸，随即与电工核对："我刚交的电费，你断的是我家的电？隔壁家的在装修用电量大，可能是他家欠费了。"电工回复："我不管是谁家的，我收到的单子就是这个表欠费，就停这个表。"客户要求核实，电工不予理会，客户不满。

第二阶段：矛盾升级阶段（约6分钟）。客户怀疑因工作人员粗心，造成自家电能表与邻居家的电能表线路接错。找到物业电工后，发现小区的电能表已经被电力公司改造成新电能表。客户情绪开始愤怒"换电能表前没有通知物业，也没有通知我，隔壁家装修用电肯定比我家生活用电量大啊，那这几个月我交的钱到底是谁用的电？电工做事就不能细心点吗？"

第三阶段：投诉阶段（约5分钟）。客户愤慨之余马上拨打投诉电话，质疑工作人员的工作能力和服务态度，要求电力公司给个说法。

三、违反条款及暴露问题

⚙️违反条款

（1）《供电营业规则》第七十二条："供电企业在新装、换装及现场校验后应对用电装置加封，并请用户在工作凭证上签章"。

（2）《国家电网公司供电服务质量标准》第六条第二十七款："低压客户电能表换装前，应在小区和单元张贴告知书，或在物业公司（村委会）备案。换装电能表前，应对装在现场的原电能表进行底度拍照，拆回的电能表应在表库至少存放1个抄表或电费结算周期"。

（3）《国家电网公司员工服务"十个不准"》第一条："不准违规停电、无故拖延送电"。

（4）《国家电网公司供电服务规范》第四条第五款："熟知本岗位的业务知识和相关技能，岗位操作规范、熟练，具有合格的专业技术水平"。

⚙ 暴露问题

（1）供电所工作中规范化、标准化程度不高，工作人员服务行为随意性较强。

（2）工作流程缺乏有效的监督环节，未能及时发现和制止工作人员的违规行为。

（3）工作人员服务意识薄弱，责任心不强，对客户反映的问题推诿、搪塞。

四、整改措施

（1）派工作人员核查具体情况，向客户赔礼道歉，取得客户谅解。

（2）对接错电能表客户进行线路调整，并核算客户电费情况。

（3）按照"四不放过"的原则及《国家电网公司员工奖惩规定》《国家电网公司供电服务奖惩规定》对责任人进行处理。

（4）加强业务培训，提高员工政治敏感性及服务意识，举一反三，避免类似的事情再次发生。

五、心理应对策略

（1）在问题出现阶段，客户找工作人员核实时，工作人员不应推卸责任，敷衍了事。要积极响应，满足客户需求，及时解决问题，并且要用真诚的态度换取客户的谅解。

（2）在矛盾升级阶段，工作人员不应逃避责任，应核实真实矛盾点，及时帮助客户解决实际问题，同时在言语上要安抚客户，使客户的精力集中在处理问题上，避免客户的情绪升级。

案例19 表计线路接错，长时间不处理

一、案例纲要

🔍**案例类型** 营业投诉—电能计量—表计线路接错。

🔍**事件摘要** 某市客户反映供电公司将其表计线路接反，一直没有解决，客户表示非常不满。

🔍**事件过程** 客户来电反映，供电公司将其表计线路接反，已经有工作人员现场查看确认过，确为线路接反，但一直没有解决。客户表示非常不满，要求供电公司相关部门尽快核实处理并答复。

二、客户心理分析

🔍 托尔曼理论图示见图5-3。

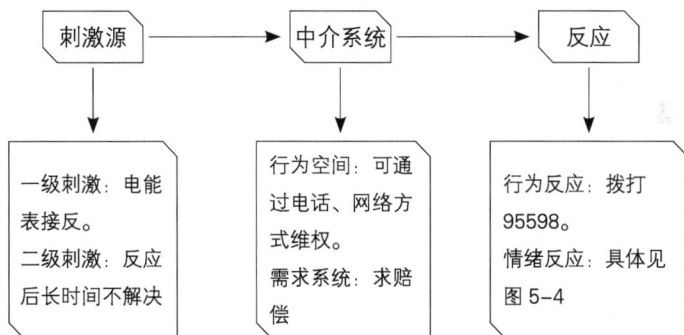

图 5-3　托尔曼理论图示（案例 19）

根据托尔曼中介系统理论，电能表接反是客户投诉的一级刺激，反应后长时间不解决问题是导致客户投诉的最终原因。该案例属于用电问题型的投诉，投诉心理属于只能正当投诉的求偿心理。

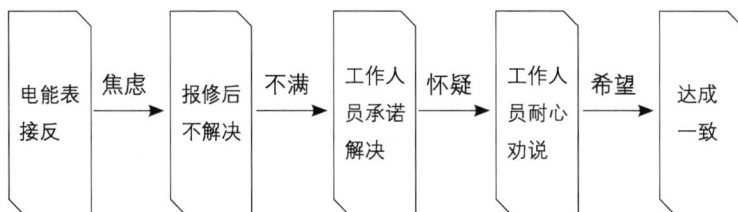

图 5-4　客户心理变化阶段（案例 19）

第一阶段：焦虑阶段（约1分钟）。电能表接反导致客户多付1000多元钱，问题反映后两个月没有回应，客户为此感到着急。"从我反映到现在已经两个多月了，一点消息都没有，这样下去我非破产不可。"

第二阶段：不满阶段（约2分钟）。工作人员消极怠工，不考虑客户的处境和实际需求，不解决现存问题，使客户非常不满。"我与工作人员联系，他说领导还没有做决定，这件事需要做什么决定啊，明明错了还不改正过来，再说了，两个多月了，做个决定这么难吗？"

第三阶段：怀疑阶段（约1分钟）。客户已经反映过一次，但是没有任何动静，担心这次投诉的结果依然是石沉大海。"他们要是还不来我怎么办？我投诉，你记录，我再投诉，你再记录，没有任何用！"

第四阶段：希望阶段（约1分钟）。在现场工作人员的耐心劝说下，客户再次相信电力公司会为他解决问题。"那也只能这样了，你让他们赶紧来换表，再不来的话，你们电力公司就太没公信力了。"

三、违反条款及暴露问题

⚙️**违反条款**

（1）《国家电网公司供电服务规范》第四条第二款："真心

实意为客户着想，尽量满足客户的合理要求。对客户的咨询、投诉等不推诿、不拒绝、不搪塞，及时、耐心、准确地给予解答"。

（2）《国家电网公司员工服务"十个不准"》第五条："不准违反首问负责制，推诿、搪塞、怠慢客户"。

（3）《国家电网公司业扩报装工作规范》第八章第四十四条："接电后应检查采集终端、电能计量装置运行是否正常，并会同客户现场抄录电能表示数，记录送电时间、变压器启用时间及相关情况"。

⚙️暴露问题

（1）业扩报装环节执行不规范，装表接电竣工验收中把关不严，留下事件隐患。

（2）工作人员缺乏责任心，工作态度不积极，确认工作失误后未积极修正，怠慢客户。

（3）日常监管制度存在漏洞，易导致推诿扯皮情况发生。

（4）未执行"首问负责制"，对客户的服务需求推诿、搪塞。

四、整改措施

（1）对于服务不规范的问题，向客户真诚道歉，争取客户理解。

（2）加强业务知识、服务意识、责任心教育培训。

（3）规范业扩报装工作流程，加大监管考核力度。

（4）按照"四不放过"的原则及《国家电网公司员工奖惩规定》《国家电网公司供电服务奖惩规定》对责任人进行处理。

五、心理应对策略

（1）现场工作人员应该先同情客户的遭遇，使客户感受到被认同，再劝说客户保持冷静。"您的情况确实挺让人烦恼的，这事搁谁身上都会着急的，但是着急对问题解决没有帮助……"不要直白地劝说保持冷静，容易引起客户的反感。

（2）现场工作人员应该表明态度批评工作人员的不作为，使客户感受到支持。不能为工作人员的行为辩解，不能有包庇的嫌疑。

（3）现场工作人员不能认为客户的怀疑多此一举，而是劝说客户相信电力公司会秉公处理，客户既然拨打了投诉电话还是对解决问题抱有希望的，对这类怀疑的言语只需耐心承诺就好。

（4）现场工作人员应该感谢客户的再次信任，不能有"反正客户拿我们也没有办法"的侥幸心理。

案例20　错误电价不合理，客户不满惹投诉

一、案例纲要

🔍案例类型　营业投诉—电能计量—错误电价。

🔍 **事件摘要**　客户反映自家用电类别在电力公司系统中登记有误，一年来按高电价多交了电费，客户表示非常不满。

🔍 **事件过程**　某县客户反映电价收取不合理。客户在电力服务系统中查询到自家的用电类别竟然为普通工业用电，电价为0.7695元，但客户实际用电类别为乡村居民生活用电，存在电费计算、收取差错的情况，且供电公司工作人员已核实，确为电价错误，客户表示非常不满，要求供电公司相关部门尽快核实处理并答复。

二、客户心理分析

🔍 托尔曼理论图示见图5-5。

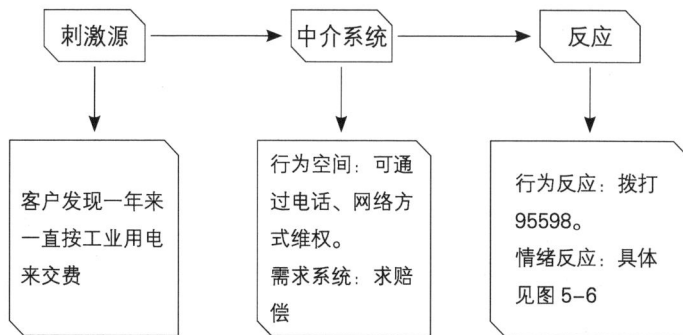

图5-5　托尔曼理论图示（案例20）

根据托尔曼中介系统理论，一年来一直按工业用电来交费是客户投诉的刺激源，为什么存在登记错误，多交的钱能不能都退？事后调查发现是因为一年前营销电力系统融合升级导致的客户电价信息错误，从单价0.56元的居民用电变成了单价0.7695元的普通工业用电，引起客户投诉。该案例属于用电问题型的投诉，投诉心理属于求偿心理。

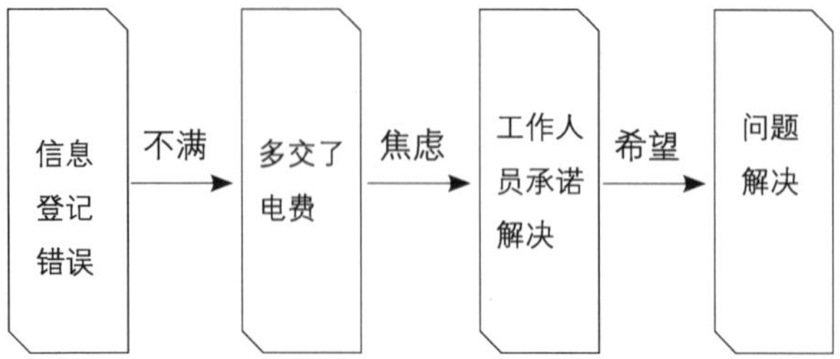

图 5-6　客户心理变化过程（案例 20）

第一阶段：不满阶段（约3分钟）。客户从电力服务系统中偶然查到，自家的用电类别是工业用电。"怎么会是工业用电呢？应该是居民生活用电呀，肯定是工作人员给登记错了。"客户对错误登记信息表示不满。

第二阶段：焦虑阶段（约15分钟）。客户再仔细查询后发现，工业用电比居民用电价格高，"那我岂不是多交了好多电费，我说怎么家里每月电费这么高呢，到底我多交了多少钱呀？"客户赶紧到供电公司核实，的确是工作人员弄错了，按工业电价收费收了一年时间。工作人员说此事得调查后才给解决，客户就拨打了电话："我就想让快点将系统上的信息更正过来，以前多收我的钱给退回来。"

第三阶段：希望阶段（约1分钟）。客服人员劝说客户不要焦虑，并做出保证，整个事件是供电公司登记信息存在失误，客户没有责任，电力公司核实后5日内会通知客户退费的情况，网上信息也会及时更正。

三、违反条款及暴露问题

⚙️**违反条款**

（1）《国家电网公司供电服务规范》第四条第二款："真心实意为客户着想，尽量满足客户的合理要求。对客户的咨询、投诉等不推诿、不拒绝、不搪塞，及时、耐心、准确地给予解答"。

（2）《国家电网公司供电服务规范》第五条第四款："严格执行国家规定的电费电价政策及业务收费标准，严禁利用各种方式和手段变相扩大收费范围或提高收费标准"。

（3）《国家电网公司业扩报装工作规范》第八章第四十四条："接电后应检查采集终端、电能计量装置运行是否正常，并会同客户现场抄录电能表示数，记录送电时间、变压器启用时间及相关情况"。

⚙**暴露问题**

（1）对供电服务过程监督管理不到位，未能及时发现工作中的问题。

（2）对相关电费电价政策执行不规范，对电量电费发行审核不严，电费管理方面存在漏洞。

四、整改措施

（1）及时更正网上信息，向客户道歉。

（2）退还客户多交的电费。

（3）监督完善系统内信息，保证信息安全无误。

五、心理应对策略

（1）营业厅的工作人员面对客户的疑问应该耐心倾听和解释，并给出一个明确的解决问题的时间段，不能推诿和搪塞，避免客户的不满情绪继续放大。

（2）客服人员的热情服务态度可以让客户心情平静很多，并重新燃起希望，对电力公司的服务充满信心。

第六章

业扩报装投诉案例

案例 21 办理新装超时限

一、案例纲要

🔍**案例类型** 营业投诉—业扩报装—业扩报装超时限。

🔍**事件摘要** 客户所在小区申请直供户，一个月后仍有部分客户未装表用电。

🔍**事件过程** 某客户所在小区申请成为供电公司直供客户，办理过各项手续后，小区内部分客户已经装表接线正常用电，部分客户在一个月后仍没有正常用电，客户对此表示不满，拨打电话进行投诉。

二、客户心理分析

🔍托尔曼理论图示见图6-1。

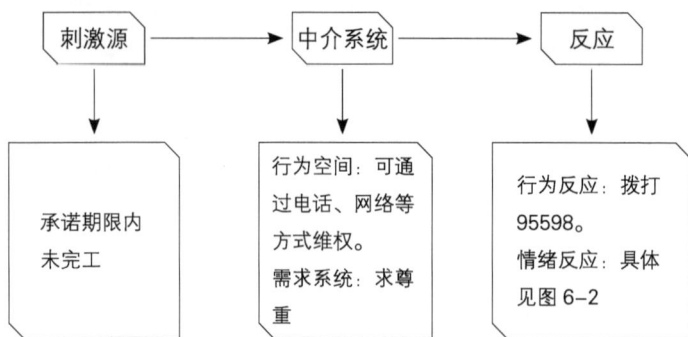

图6-1 托尔曼理论图示（案例21）

该案例属于求尊重型投诉。根据托尔曼中介系统理论，由于工作人员没有履行"一个月内完工"的诺言，在沟通过程中又觉得没有得到相应的重视和尊重，使得客户最终选择拨打95598投诉，要求供电公司给予情况说明并尽快完工。在与工作人员的沟通过程中，客户产生一系列情绪变化。

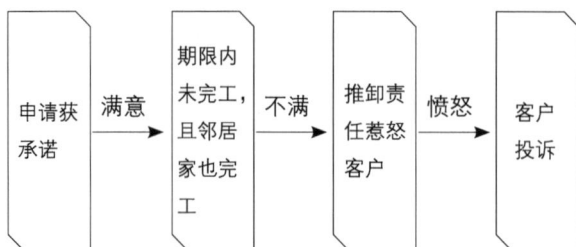

图6-2 客户心理变化阶段（案例21）

第一阶段：申请阶段（约5分钟）。客户申请直供户，办理了相关手续后被承诺："供电公司会在一个月之内为您安装完成，请耐心等待。"客户心里感觉比较满意。

第二阶段：询问阶段（约4分钟）。在等待一个月后，客户发现楼下邻居家的早已经安装好了，而自家的仍没有完成。客户担心："是不是供电公司把我的给忘记了？"心里有些不满。供电公司回复客户："由于近期申请户较多，加上你所在的小区内部电路存在故障，所以暂时还没有为你安装。"客户质疑："为什么之前你们承诺的一个月内完成，现在做不到？既然小区内部线路故障，为什么邻居家的都已安装完成？我看你们就是找借口。"客户认为工作人员不敢承担责任，开始愤怒。

第三阶段：指责阶段（约2分钟）。客户感觉自己明明是有理的一方，反而得不到尊重，情绪变得激动，大声指责："为什么一个月内完不成还不及时通知我？为什么别家都安装好了，又找借口？为什么不从自己身上找找原因？现在影响到我家庭的正常生活了谁负责？"工作人员不耐烦地说道："你不要胡搅蛮缠了，已经给你解释过了。"客户难以接受当地供电公司的办事效率和服务态度，决定投诉。

三、违反条款及暴露问题

⚙️**违反条款**

（1）《国家电网公司供电服务"十项承诺"》第六条："装表接电期限：受电工程检验合格并办结相关手续后，居民客户3个工作日内送电，非居民客户5个工作日内送电"。

（2）《国家电网公司供电服务规范》第四条第二款："真心实意为客户着想，尽量满足客户的合理要求，对客户的咨询、投诉等不推诿、不拒绝、不搪塞，及时、耐心、准确地给予解答"。

⚙️**暴露问题**

（1）装表接电人员工作责任心不强，服务意识淡薄，没有按承诺时限完成装表工作。

（2）业扩报装流程各环节时限监控不到位。

四、整改措施

（1）严格执行公司相关规章制度，对客户用电业务按时限要求办理。

（2）严格管控业扩报装各环节工作时限，提高工作效率，不断完善业扩超时预警机制，防止环节超时现象发生。

（3）按照"四不放过"的原则及《国家电网公司员工奖惩规定》《国家电网公司供电服务奖惩规定》对责任人进行处理。

五、心理应对策略

（1）在客户申请阶段，工作人员给予积极肯定的答复这是可取的。在期限内完工与否，都应该告知客户。及时沟通，保证客户的知情权，不是单纯的手段或工具，而是服务人员服务理念和人性的表达。良好的关系应建立在真诚、有效、及时的沟通之上。

（2）在客户咨询阶段，工作人员不能敷衍了事，要给予客户足够的积极关注，让客户有被重视的感觉。要本着"客户的事情无小事"的服务理念，认真负责。

（3）在指责阶段，客户的愤怒需要发泄，此时工作人员不能置身事外，要给予客户发泄的空间，还要安抚客户的情绪，防止事态扩大。

案例22 新装时为客户指定供货单位

一、案例纲要

🔍**案例类型** 举报—行风廉政—三指定。

🔍**事件摘要** 客户申请低压新装时，工作人员为其指定供货单位。

🔍**事件过程** 某乡镇客户申请新装三相电，供电所工作人员称买过电能表后再来申请，客户买完器材后申请报装，但工作人员称客户买的电能表不符合安装条件，要求客户购买供电公司的电能表。客户认为当初工作人员没说清楚使自己花冤枉钱，并且怀疑工作人员以此为借口赚取差价。

二、客户心理分析

🔍 托尔曼理论图示见图6-3。

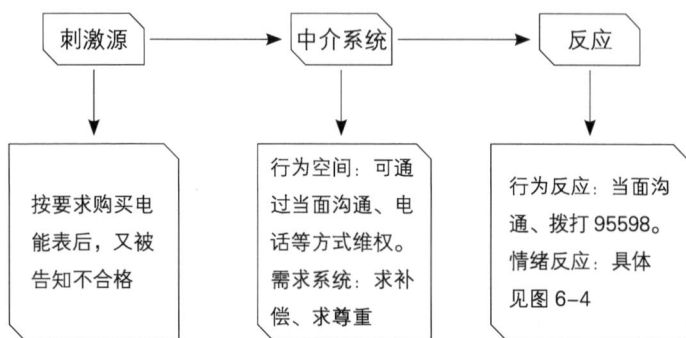

图6-3 托尔曼理论图示（案例22）

　　该案例属于求补偿型和求尊重型投诉。根据托尔曼中介系统理论，由于客户按照要求购买电能表后又被告知不合格，在与工作人员的沟通中，产生了一系列情绪变化。

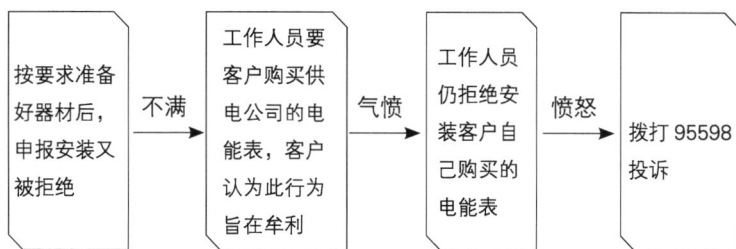

按要求准备好器材后，申报安装又被拒绝 — 不满 → 工作人员要客户购买供电公司的电能表，客户认为此行为旨在牟利 — 气愤 → 工作人员仍拒绝安装客户自己购买的电能表 — 愤怒 → 拨打95598投诉

图6-4　客户心理变化阶段（案例22）

第一阶段：申请阶段（约5分钟）。客户申请新装三相电开通，当地供电所工作人员明确告知客户："新装三相电的客户需要自己准备电能表，电能表通过检测后才能够申请报装。"

第二阶段：求补偿阶段（约4分钟）。客户按照供电所要求准备好相关器材又到供电所申请报装，却再次被拒绝："申请报装需要购买本供电公司的电能表。"这样的回答使客户不满："当初过来申请报装的时候不是这么要求的，现在我东西准备好了反过来要求买你们的，那我之前买的东西怎么办？你们得补偿我损失。"工作人员认为是客户自己的责任："你自己买错的，不能怪我们。"

第三阶段：指责阶段（约2分钟）。客户发现两种产品在价格上存在一定差距，认为供电所想从中牟利："你们让我买指定的产品，不就是想多捞点吗？这还是服务部门吗？"工作人员回答："你自己买的东西不合格，不安装。"这样的拒绝使客户开始愤怒。

第四阶段：不信任阶段（约2分钟）。客户认为工作人员不仅前后说法不一致，还无理要求购买他们指定的产品，使客户开始用另一种眼光看待供电所，决定向国家电网服务部投诉。

三、违反条款及暴露问题

⚙️违反条款

（1）《国家电网公司员工服务"十个不准"》："不准为客户指定设计、施工、供货单位"。

（2）《国家电网公司供电服务规范》第四条第五款："熟知本岗位的业务知识和相关技能，岗位操作规范、熟练，具有合格的专业技术水平"。

⚙️暴露问题

（1）对本岗位的业务知识不熟练，不具备合格的专业技术水平。

（2）业扩报装业务管理不规范，对公司管理制度执行不到位。

四、整改措施

（1）及时安抚客户，就服务过程中的不规范行为向客户真诚道歉，争取客户理解。

（2）如客户符合新装用电条件，按照要求为新装客户免费提供由供电公司统一配置的智能电能表，并在规定时限内为客户进行装表接电。

（3）加强管理制度宣贯和员工责任心教育的培训。

（4）按照"四不放过"的原则，对照《国网公司供电服务奖惩规定》中的"服务过错惩处对照表"，对相关责任人进行处罚。

五、心理应对策略

（1）在客户申请阶段，工作人员明确告知客户申请业务所需条件和器材，这样的做法是正确的，保证了客户的知情权。

（2）在客户求补偿阶段，工作人员不应给予撇清关系，无论是谁的责任，都应该先告知客户需要认真了解事件过程后才能安排后续工作。

（3）在客户指责阶段，工作人员不应一味坚持、死板到底，应该灵活处理。

（4）在客户不信任阶段，工作人员不应任由客户的不信任心理继续蔓延，要充分了解事件源头，承诺供电公司一定会妥善解决，为供电公司树立一个真正为人民服务的良好形象。

一、案例纲要

🔍**案例类型** 投诉—服务投诉—服务行为。

🔍**事件摘要** 客户家中无电，工作人员推诿责任。

🔍**事件过程** 某市客户反映新装电能表后家中无电，与工作人员联系，对方称："我只负责收电费，你不是欠费停电，电能表坏了不归我管，你找装电能表的人。"客户咨询装电能表人员的联系方式，工作人员说不知道。客户问没电怎么办，该工作人员回答"爱咋办就咋办"，客户对该工作人员的服务态度感到不满。

二、客户心理分析

🔍**托尔曼理论图示见图6-5。**

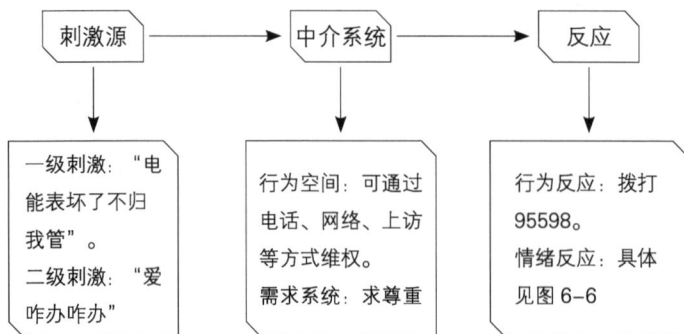

图 6-5 托尔曼理论图示（案例 23）

根据托尔曼中介系统理论，工作人员推诿是客户投诉的一级刺激，客户已经产生不满情绪，但是为了解决问题，耐着性子继续求助。如果这时，工作人员能告知客户换表人员的联系方式或者其他建设性建议，客户也不至于投诉，这是客户思想的转折点。工作人员的一句"爱咋办咋办"最终促使客户拨打95598投诉，目的是寻求尊重。该案例属于用电类型和服务态度型的投诉。

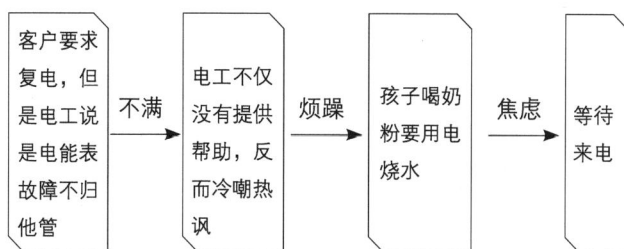

图6-6　客户心理变化阶段（案例23）

第一阶段：不满阶段（约1分钟）。客户因为断电而求助，"不归我管"这样的字眼在客户观念中就是推卸责任，客户为此产生不满情绪。"他说他只管收电费，电能表坏了不归他管，让我找装电能表的人""问他装电能表的人的电话，他说不知道，我说我晚上没电怎么办，他说爱咋办咋办，他咋能这样说话呢？"

第二阶段：烦躁阶段（约3分钟）。客户着急用电，手足无措。然而工作人员不仅没有任何有效建议，而且用讽刺和冷漠的态度对待客户，因此客户的情绪很烦躁。"我说把你们领导的电话给我说一下，他说我没有资格，他咋能这样说话呢，就平民百姓有啥事还能打市长热线，他说我不够资格，他咋那么牛呢？"

第三阶段：焦虑阶段（约2分钟）。客户需要用电烧水，给孩子冲奶粉，现在问题解决不了，感到着急而抱怨。"这咋弄，整栋楼都有电就俺家没电，晚上我该咋弄""他要是还不来我该怎么办？"

三、违反条款及暴露问题

✿违反条款

（1）《国家电网公司供电服务规范》第四条第二款："真心实意为客户着想，尽量满足客户的合理要求。对客户的咨询、投诉等不推诿、不拒绝、不搪塞，及时、耐心、准确地给予解答"。第四条第四款："工作期间精神饱满，注意力集中。使用规范化文明用语，提倡使用普通话"。

（2）《国家电网公司员工服务"十个不准"》第五条："不准违反首问负责制，推诿、搪塞、怠慢客户"。

（3）《国家电网公司业扩报装工作规范》第八章第四十四

条："接电后应检查采集终端、电能计量装置运行是否正常，并会同客户现场抄录电能表示数，记录送电时间、变压器启用时间及相关情况"。

⚙暴露问题

（1）业扩报装环节执行不规范，装表接电竣工验收中把关不严，留下事件隐患。

（2）未执行"首问负责制"，对客户的服务需求推诿、搪塞。

（3）工作人员服务不规范，未使用规范化文明用语。

四、整改措施

（1）对于服务不规范的问题，向客户真诚道歉，争取客户理解。

（2）加强业务知识、服务意识、责任心教育培训。

（3）规范业扩报装工作流程，加大监管考核力度。

五、心理应对策略

（1）现场工作人员应该积极询问客户不满的原因，了解原因后，要有同理心，表示谅解。尽量不要在客户情绪激动的情况下进行辩解，让客户认为在包庇纵容不当行为。

（2）不能打断客户的指责，允许客户发泄，适时地向客户道歉并表示会处理此事。

（3）让客户说出内心的担忧，并积极寻找解决办法，实在解决不了时，应该耐心安抚客户。客户的事无小事，不能认为客户是大题小做而忽视其需要性。

第七章

停限电投诉案例

案例 24　频繁停电一直未解决

一、案例纲要

🔍**案例类型**　停送电投诉—频繁停电。

🔍**事件摘要**　某市客户反映两天内停电三次，频繁停电处理不及时造成客户投诉。

🔍**事件过程**　某市客户反映两天之内反复停电，分别为当日21时、22时36分和次日的20时30分，22时36分停电报修后两个小时也未见工作人员到达现场，一直停电至次日9时30分才恢复用电。期间当地供电公司的工作人员拒接电话，导致客户投诉。

二、客户心理分析

🔍托尔曼理论图示见图7-1。

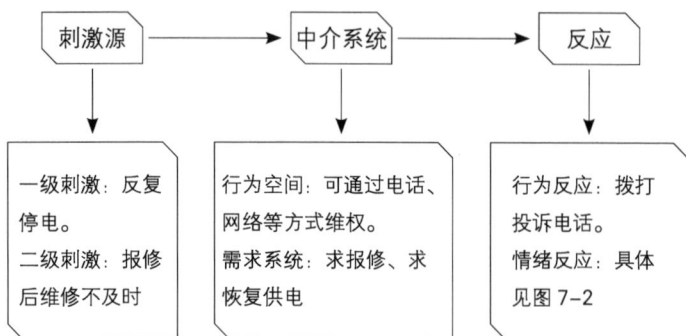

图 7-1　托尔曼理论图示（案例 24）

　　根据托尔曼中介系统理论，反复停电是引发客户投诉的一级刺激。报修后两小时内仍未见有工作人员来维修，这是使客户投诉的二级刺激。客户的需求就是希望电力部门及时来维修，尽快恢复供电。由于客户的需求未被满足，最后导致了客户的投诉。该客户的投诉属于用电类型投诉。

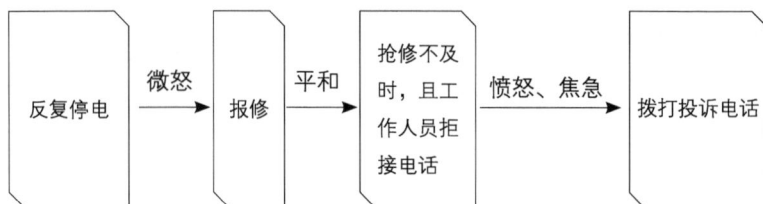

图 7-2　客户心理变化阶段（案例 24）

第一阶段：微怒阶段（约30分钟）。由于24小时内发生了三次停电，用户有点恼怒："这怎么能一天停三次电呢！""到底咋回事，而且这次停电这么久了还不来电？"于是，决定打电话报修。

第二阶段：平和阶段（约1小时）。客服代表告知："45分钟内一定会有工作人员与您联系，来给您解决问题的。""您可以拨打工作人员的电话，与其取得联系。"用户这时还是很信任客服人员的，于是就在家里安静地等工作人员的来电，此时心情还是平静的，期待着有工作人员跟他联系。

第三阶段：愤怒阶段（约1小时）。用户接着又等了一个小时，还是没有人与他联系，他给工作人员打电话，始终是没人接的状态，所以特别生气，心中怨气无处发泄。"明明说会有人来修的，咋还没人跟我联系呢！也不接电话！这不是骗人的嘛！"于是就想到了拨打投诉电话。这个时候用户已经是抱着求发泄的心态打投诉电话了，因为电力公司的客服代表和工作人员都已经失去了他的信任，他只能抱着一线希望拨打投诉电话。

三、违反条款及暴露问题

☼违反条款

（1）《国家电网公司员工服务"十项承诺"》第二条："故

障抢修人员到达现场的时间一般不超过：城区范围45分钟"。

（2）《国家电网公司供电服务规范》第四条第二款："真心实意为客户着想，尽量满足客户的合理要求，对客户的咨询、投诉等不推诿、不拒绝、不搪塞，及时、耐心、准确地给予解答"。

（3）《国家电网公司供电服务质量标准》第六条第十八款："若因特殊恶劣天气或交通堵塞等客观因素无法按规定时限到达现场的，抢修人员应在规定时限内与客户联系、说明情况并预约到达现场时间，经客户同意后按预约时间到达现场"。

⚙️暴露问题

（1）抢修人员责任心不强，服务意识淡薄，不能履行对外服务承诺，到达现场不及时。

（2）供电抢修不彻底，同一地点频繁停电，给生活带来不便。

（3）当地抢修工作人员服务意识不强，服务行为不规范，对于特殊情况不能及时到达现场，未向客户做好有效沟通。

四、整改措施

（1）要求抢修人员在接到报修电话时第一时间赶往报修现场，遵守国家电网公司承诺城区45分钟赶往故障现场的规定。

（2）立即安排抢修人员进行抢修，根据客户现场负荷情况，需要增容的及时增容，从根本上解决问题。

（3）与客户联系沟通，针对存在的问题向客户真诚道歉，争取客户理解。

（4）加强值班人员管理，做好人员服务意识教育。

（5）按照"四不放过"的原则及《国家电网公司员工奖惩规定》《国家电网公司供电服务奖惩规定》对责任人进行处理。

五、心理应对策略

（1）频繁发生停电的情况下，现场工作人员不能简单粗暴地回应"故障停电"。工作人员要做到及时与用户取得联系，要告知详细的情况，比如停电原因、恢复供电的时间，并且任何抢修情况的变化都应该及时向客户反映，保证客户的知情权。这样能有效缓用户不满的心情，避免情况向更糟糕的地步发展。

（2）在用户拨打了报修电话之后一段时间，往往是用户难得的心情平静阶段，这时现场工作人员一定要及时与用户取得联系，解决断电问题，并且说话态度、语气都一定要保持客气和尊敬，这样会在用户心里为电力公司加分。切忌超过规定的时间，否则会使用户产生一种不信任的心理，从而出现难以预料的后果。

（3）由于抢修不及时，使得客户心里又怒又急，进而拨打了投诉电话，这时用户就不只是想解决问题了。客户首先会宣泄一下自己愤懑的情绪，这时客服人员一定要注意，不要与用户发生争辩，不要急于去问清事情的整个具体过程，更不要打断用户的投诉。而是要设身处地站在用户的角度考虑问题，让用户顺利地宣泄一下自己的不良情绪。要及时承诺给用户解决问题，有助于缓解用户焦躁又愤怒的心情。

案例25　缴费后未及时复电

一、案例纲要

🔍**案例类型**　营业投诉—欠费停复电。

🔍**事件摘要**　某市客户反映缴费后没有及时复电，并投诉停电前没有收到任何缴费通知和停电通知。

🔍**事件过程**　某市客户反映欠费停电前没有收到任何缴费通知和停电通知，缴费后没有及时复电，家里有学生写作业不方便，客服代表解释因客户欠费停电，没对客户处境表达同情，引起客户不满，并投诉。

二、客户心理分析

🔍托尔曼理论图示见图7-3。

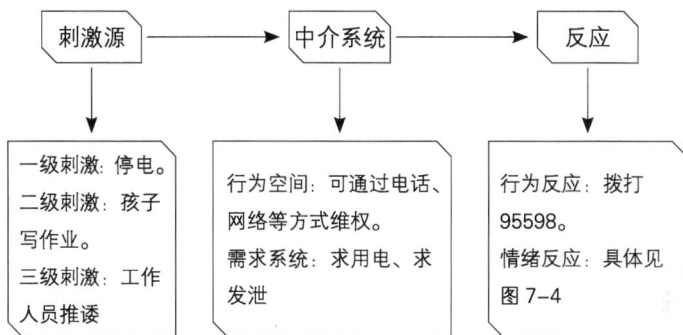

图 7-3　托尔曼理论图示（案例 25）

根据托尔曼中介系统理论，客户因为停电而产生焦虑情绪，要求立即复电遭到拒绝。一方面，客户为孩子写作业而着急；另一方面，感觉到工作人员推诿责任。因此导致客户负面情绪进一步升级，并拨打95598投诉。客户心理属于正当投诉的发泄心理。

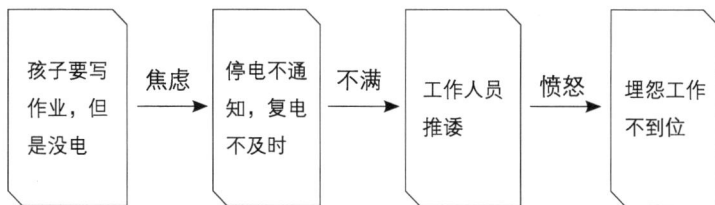

图 7-4　客户心理变化阶段（案例 25）

第一阶段：焦虑阶段（约2分钟）。停电造成生活上的不方便，客户报修后并没有马上复电，因此内心焦虑。"我看了看空开也正常，其他也没有问题，你们能不能想想办法通上电？"

第二阶段：不满阶段（约1分钟）。工作人员并没有给予有效的建议，并且其漠不关心、事不关己的态度让客户感到不被尊重。"你们收着滞纳金，就晚一天，停电前你就打个电话通知一下。"

第三阶段：愤怒阶段（约3分钟）。工作人员对客户的处境不仅不同情反而为电力公司推脱责任，客户的情绪因此升级。工作人员说："您已经欠费了，我们有义务给您断电的。"客户说："你们断电时能不能先通知一下啊？断电前，欠费通知单是不是得下达，我现在不欠费了，为啥不送电？现在我有责任你们有责任没？"

第四阶段：指责阶段（约2分钟）。虽然经过一番激烈的发泄，但是客户的不满情绪并没有发泄完。客户认为供电局应该负责任，并且希望自己的观点得到认可，以维护自己的权益。"啥时候欠过你们钱，收着滞纳金还断电，提前也不说一声，你们这服务做得也太差了！"

三、违反条款及暴露问题

⚙ 违反条款

（1）《国家电网公司员工服务"十项承诺"》第三条："对欠电费客户依法采取停电措施，提前7天送达停电通知书，费用结清后24小时内恢复供电"。

（2）《国家电网公司员工服务"十个不准"》第五条："不准违反首问负责制，推诿、搪塞、怠慢客户"。

（3）《国家电网公司员工服务"十个不准"》第一条："不准违规停电、无故拖延送电"。

（4）《国家电网公司供电服务规范》第四条第二款："真心实意为客户着想，尽量满足客户的合理要求，对客户的咨询、投诉等不推诿、不拒绝、不搪塞，及时、耐心、准确地给予解答"。

⚙️ 暴露问题

（1）抄催人员服务不规范，欠费停电后未按规定及时为客户复电。

（2）客服代表服务意识不强，服务技巧欠缺。

四、整改措施

（1）立即安排工作人员现场为客户恢复供电。

（2）对工作中存在的不规范行为、服务态度问题向客户诚恳道歉，争取客户谅解。

（3）按照"四不放过"的原则及《国家电网公司员工奖惩规定》《国家电网公司供电服务奖惩规定》对责任人进行处理。

（4）加强欠费停复电管理，做到依法、规范停复电。

五、心理应对策略

（1）现场工作人员应该具有同理心，对客户的处境表示同情，并积极为客户寻求解决办法，不能"事不关己，高高挂起"。

（2）当客户表达不满时，现场工作人员不能予以否认，此时任何的解释都会被认为是借口或推诿并进一步激怒客户。而是应该认真倾听并为客户的遭遇道歉。

（3）人在愤怒时容易有过激的言语和行为。因此，工作人员绝对不能再和客户起争执，更不能继续秉持客户不认可的观点。而是继续向客户道歉并表示同情理解，满足客户对尊重的需求。

（4）面对客户的指责，现场工作人员应该表示听取客户的建议并加以改进，感谢客户对电力公司进步的关心。不能意气用事，逞口舌之快而再次激化矛盾。

案例26　未及时发放催费通知进行停电

一、案例纲要

🔍**案例类型**　营业投诉—欠费停电。

🔍**事件摘要**　客户反映在没有收到任何催费通知及停电通知书的情况下，工作人员就进行停电。

🔍**事件过程**　客户反映自己欠当月电费未及时缴纳，工作人员在未发放任何停电通知书的情况下就进行停电催费。客户报修后要求工作人员尽快给予联系，工作人员未复电也未联系客户，引起客户强烈不满。

二、客户心理分析

🔍托尔曼理论图示见图7-5。

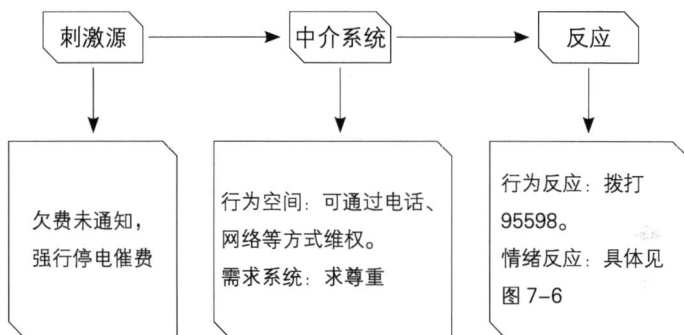

图 7-5　托尔曼理论图示（案例26）

图 7-6　客户心理变化阶段（案例26）

该案例属于求尊重型投诉。根据托尔曼中介系统理论，客户未收到欠费通知，被强行停电催费，在缴清欠费后依然未复电，客户拨打95598投诉，强烈质疑工作人员的服务能力。在这一事件中，客户的情绪经历了一系列变化。

第一阶段：抱怨阶段（约3分钟）。客户发现家中停电，致电询问，得知因当月电费未及时缴纳，停电催费的做法使客户心有不满："我这欠费了，咋也没人通知我，就把电停了，这大夏天的，冰箱里东西全坏了，觉也不能睡，你们这样的工作方式真是霸道。"

第二阶段：矛盾升级阶段（约10分钟）。客户缴清电费，长时间的等待后，依然没有复电，期间工作人员也没有联系自己，这样的结果让客户产生愤怒的情绪："欠费不通知我就给我停电，交了电费不给我复电也不联系我，你们这都干的啥事？一点都不尊重人。等着我投诉吧。"工作人员轻描淡写地说道："我们碰的多了，就为这点事，你想投诉就投诉吧。"加重了客户不被重视的感觉。

第三阶段：投诉阶段（约10分钟）。客户越来越气愤，情绪也很激动，于是拨打95598电话，对当地供电部门进行投诉。

三、违反条款及暴露问题

⚙️**违反条款**

（1）《国家电网公司员工服务"十个不准"》第一条："不准违规停电、无故拖延送电"。

（2）《国家电网公司供电服务"十项承诺"》第三条："对欠电费客户依法采取停电措施，提前7天送达停电通知书，费用结清后24小时内恢复供电"。

（3）《供电营业规则》第六十七条："在停电前3～7天内，将停电通知书送达用户，对重要用户的停电，应将停电通知书报送同级电力管理部门。在停电前30分钟，将停电时间再通知用户一次，方可在通知规定时间实施停电"。

（4）《国家电网公司供电服务规范》第四条第二款："真心实意为客户着想，尽量满足客户的合理要求，对客户的咨询、投诉等不推诿、不拒绝、不搪塞，及时、耐心、准确地给予解答"。

⚙️**暴露问题**

（1）工作人员执行规章制度不力，未按规定时限催交电费，也未按规定进行欠费停电。

（2）工作人员服务意识薄弱。

（3）工作人员工作不规范，随意性较强。

四、整改措施

（1）立即恢复供电，真诚向客户致歉。

（2）按照"四不放过"的原则及《国家电网公司员工奖惩规定》《国家电网公司供电服务奖惩规定》对责任人进行处理。

（3）加强业务培训，提高员工政治敏感性及服务意识，防微杜渐，举一反三，避免类似事情再次发生。

五、心理应对策略

（1）在客户抱怨阶段，工作人员不能草草应付客户的抱怨，要抓住客户不满情绪的源头，承认工作的失误，真诚道歉，并请求客户的理解和谅解。

（2）在矛盾升级阶段，工作人员不应从自身的经验出发，要充分理解客户，明白客户的事情无小事，认真对待，让客户有被重视的感觉。

案例27 工作失误停错电

一、案例纲要

🔍案例类型 停送电投诉—停电问题—无故停电。

🔍**事件摘要**　某市客户反映家中在不欠费的情况下，被实施停电，客户表示不满。

🔍**事件过程**　某市客户反映6月底家中被无故停电，经系统查询客户并不欠费，客户联系工作人员，工作人员告知客户因"记错了"误对客户实施停电，客户表示不满，要求供电公司相关部门尽快核实处理并尽快给出合理解释。

二、客户心理分析

🔍托尔曼理论图示见图7-7。

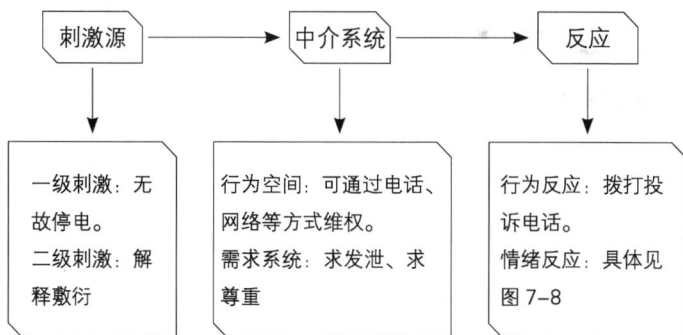

图7-7　托尔曼理论图示（案例27）

根据托尔曼中介系统理论，由于无故停电且客服代表的解释敷衍了事，使得客户最终选择拨打95598投诉，要求调查具体情况给予合理解释。该客户的投诉属于求尊重型投诉。

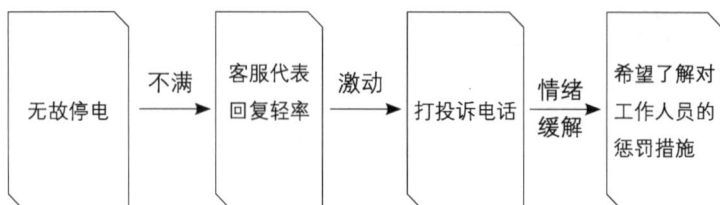

图 7-8　客户心理变化阶段（案例 27）

第一阶段：心生不满阶段（约30分钟）。客户自知并未欠费，但是自家的电却无故被停。此时心中已经开始滋生不满的情绪。"我这刚交过费怎么就给停电了呢！别人家的灯都还亮着呢。"

第二阶段：激动与愤懑（约1小时）。用户立即拨打客服电话要求尽快恢复供电并给予合理解释，但是客服代表却轻描淡写地回答"记错了"，既没向用户详细解释原因，又没有诚心诚意向用户道歉。这时用户的不满情绪升级，开始变得激动与愤怒。

第三阶段：投诉阶段（约30分钟）。用户又一次拨打供电公司电话进行投诉，指责供电公司这种乱停电的行为以及客服的冷漠对待。"你们供电公司不仅给我们无故停电，而且这个客服代表还这种服务态度，怎么对我们用户一点都不尊重？我们消费者还不能维护自己最基本的权益了吗？"

第四阶段：平静阶段（约10分钟）。客服答应向上反映情况，承诺一定给用户一个合理的交代。用户同意了提出的解决方案，说会等待处理结果。

三、违反条款及暴露问题

☼**违反条款**

《国家电网公司员工服务"十个不准"》第一条："不准违规停电，无故拖延送电"。

☼**暴露问题**

（1）停送电工作的规范化、标准化程度不高，服务行为随意性较强。

（2）供电公司工作流程缺乏有效监督，对工作人员的违规行为未能及时发现，导致客户未欠费被停电。

四、整改措施

（1）供电公司应培养员工高度的责任心和优质服务意识，停送电工作应严格按照有关规章制度执行，避免因工作疏忽大意出现差错。

（2）供电企业应加强供电服务过程监督，及时发现工作中问题，健全考核制度，严格按照规定对客户进行停送电。

（3）按照"四不放过"的原则及《国家电网公司员工奖惩规

定》《国家电网公司供电服务奖惩规定》对责任人进行处理。

五、心理应对策略

（1）在客户打电话进行询问情况，要求解决问题时，心中肯定是带有不满情绪的，客服代表要满足用户求发泄的意愿，帮助用户疏解心中的不满，而不能打断客户的倾诉，更不能表现出不耐烦的情绪。

（2）用户要求调查情况并给予解释时，客服代表应该诚恳地向用户道歉，毕竟是供电公司的失误才导致了用户的无故停电。工作人员不要急于辩解，更不要推卸责任，不能态度冷淡地对待用户的质疑。要向客户保证会调查核实并追究责任，对存在过失的工作人员进行处理，并通知客户处理结果，这样能在一定程度上缓解客户的不满，否则只能激化用户的情绪。

（3）在客户打电话进行投诉时，已经处于激动愤怒的状态了。客服代表不仅要满足用户求发泄的意愿，帮助用户疏解心中的不满，还要及时向用户诚心诚意道歉，给予用户足够的尊重，才能使其冷静下来，清楚地交代整件事情，帮助自己做好记录，便于事情能够得到及时处理。

一、案例纲要

🔍**案例类型**　停送电投诉—停送电信息公告—停送电信息报送及时性。

🔍**事件摘要**　计划停电未通知。

🔍**事件过程**　某市客户投诉所在的小区停电，拨打95598咨询停电原因，了解到当天该小区属于计划检修停电，客户表示小区居民及物业均无人接到此类通知，非常不满。

二、客户心理分析

🔍托尔曼理论图示见图7-9。

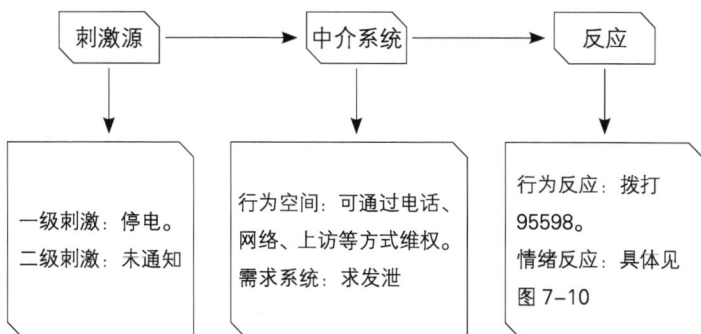

刺激源 → 中介系统 → 反应

一级刺激：停电。
二级刺激：未通知

行为空间：可通过电话、网络、上访等方式维权。
需求系统：求发泄

行为反应：拨打95598。
情绪反应：具体见图7-10

图 7-9　托尔曼理论示意图（案例 28）

根据托尔曼中介系统理论，停电是客观事件，客户认为停电是允许的，但是停电前不通知是不应该的，所以由生活不便引发的不满都归因于不通知上，客户通过拨打95598投诉此事件并发泄不满。客户的负性情绪并不激烈，在可控范围内，起伏比较小。

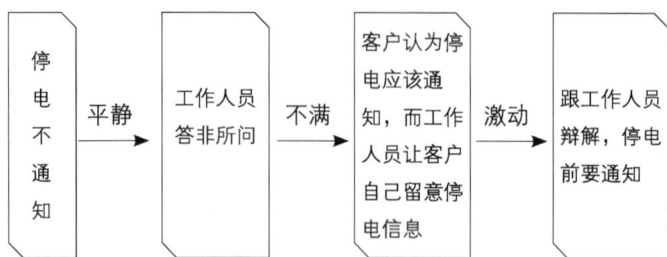

图 7-10 客户心理变化阶段（案例 28）

第一阶段：平静阶段（约1分钟）。刚开始，客户在压抑自己的不满，但是需要先了解有没有特殊原因，此时客户的情绪表现是比较平静的。"我们这块停电为什么没有提前通知呢？你们说检修都是提前通知的，为什么我们这就没有提前通知呢？"

第二阶段：不满阶段（约1分钟）。客户想知道为什么停电前不通知，而工作人员告诉客户的是停电原因。本来客户就在压抑情绪，听到工作人员答非所问，就不再有耐心。"你看答非所问的，我不是说修好了通知我，而是停电前为什么没有通知我们？"

第三阶段：激动阶段（约2分钟）。客户了解到并没有特殊原因可以为停电前不通知做解释，再加上工作人员的回答让客户很不满意，因此客户情绪升级。"停电前怎么不通知呢？而且你们停电时应该用手机发送，我们却任何信息都没收到！"

第四阶段：异议阶段（约1分钟）。客户认为电力公司有义务做好信息通知的工作，让客户主动去关注停电信息是不大现实的，如果没有明显的停电通知，那么就是电业部门的失职。投诉目的是追究不通知的原因，而工作人员过多地询问是否关注其他信息渠道，使客户认为工作人员在找理由。"小姐，我总不能每天看报、上网、打电话，什么都不干，就看有没有停电计划吧？"

三、违反条款及暴露问题

⚙️违反条款

（1）《国家电网公司员工服务"十项承诺"》第三条："供电设施计划检修停电，提前7天向社会公告。对欠电费客户依法采取停电措施，提前7天送达停电通知书，费用结清后24小时内恢复供电"。

（2）《电力供应与使用条例》第二十八条："因故需要中止供电时，供电企业应按下列要求事先通知用户或进行公告：因供电设施计划检修需要停电时，应提前7天通知用户或进行公告；因供电设施临时检修需要停止供电时，应当提前24小时通知重要用户或进行公告；发供电系统发生故障需要停电、限电或者计划限停电时，供电企业应按确定的限电序位进行停电或限电，但限电序位应事前通知用户"。

⚙️暴露问题

（1）停电信息对外公示的管理制度不严密，流程不完善，缺少审核监督环节，致使停电信息遗漏通知客户现象未及时被发现和纠正。

（2）部分工作人员责任心不强、工作不认真，造成计划检修停电信息遗漏通知客户现象的发生。

四、整改措施

（1）及时安抚客户，就服务过程中的不规范行为向客户真诚道歉，争取客户理解。

（2）加强停送电信息管理，完善工作流程，严抓工作制度规范执行情况，加大管控考核力度。

（3）按照"四不放过"的原则，对照《国网公司供电服务奖惩规定》中的"服务过错惩处对照表"，对相关责任人进行处罚。

五、心理应对策略

（1）客户的询问，其实也是反映问题的一种方式，了解大致事实后，要向客户表示会调查此事，先稳定客户情绪，再请客户详细讲述。要了解客户每一句话潜在的意思，不要只关注语言表面的意思。

（2）对待客户的询问，一定要正面应对，有正当的理由时要耐心解释，没有理由时要真诚道歉不能答非所问，似是而非。

（3）客户情绪激动时，尽量不要争辩，不要打断，让客户充分发泄不满，并向客户道歉。

（4）认真听取客户的意见，向客户批评工作人员的不当之处，向客户道歉并承诺会处理此事。不要跟客户争辩，也不要指导客户的行为方式，这意味着对客户的否定，易使客户不满。

第八章

供电抢修投诉案例

案例29　抢修不及时造成客户损失

一、案例纲要

🔍**案例类型**　停送电投诉—抢修服务—超时限。

🔍**事件摘要**　客户停电报修后，因抢修人员到达现场不及时，导致客户财产损失。

🔍**事件过程**　某市客户反映停电报修后，抢修人员两个小时未到现场抢修，因停电时间长，导致自己家里的金鱼死了。客户情绪激动，向抢修人员要求赔偿损失，抢修人员告知只负责抢修工作，不负责赔偿，引起客户投诉，要求供电公司赔偿损失。

二、客户心理分析

🔍托尔曼理论图示见图8-1。

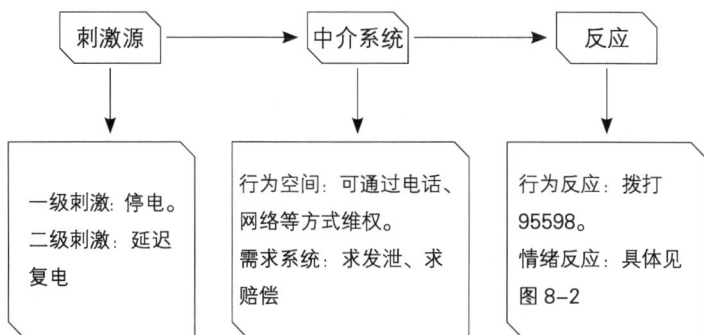

图 8-1 托尔曼理论图示（案例 29）

根据托尔曼中介系统理论，停电致客户的爱宠于危险境是引发客户投诉的原始刺激。金鱼濒临死亡之际依然没有复电，造成客户情绪愤怒。报修后，客户心情急切，盼望复电。随着等待时间延长，客户失去爱宠的恐惧越强烈，对电力公司的怨恨越重。两个小时后，客户不再对复电抱有希望，继而为了发泄和赔偿而投诉。投诉前期属于正当投诉的发泄心理，后期变为不正当投诉的报复心理。

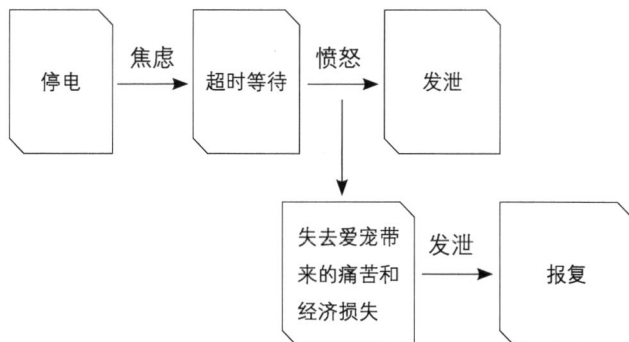

图 8-2 客户心理变化阶段（案例 29）

第一阶段：焦虑阶段（约45分钟）。故障报修后，客服人员回复仅需45分钟即可抢修，客户认为这个时间段属于安全区间，在一定程度上缓解了其用电焦虑，客户情绪平稳。"会有人跟我联系吧，要是45分钟后不到，我就投诉你们。"

第二阶段：愤怒阶段（约5分钟）。45分钟后，客户收不到任何复电信息，在茫然而焦虑的等待中，情绪由焦虑发展为愤怒。"你们报修报修，说是45分钟，这都两个小时了。我投诉电业局，白给你们交电费了！"

第三阶段：发泄阶段（约4分钟）。客户积攒的负面情绪需要发泄，此时工作人员辩解或者打断客户发泄，会导致客户的情绪升级。"我鱼死了怎么办，难道你们赔我吗？我给你们交电费算怎么回事啊？"

第四阶段：报复阶段（约2分钟）。客户失去爱宠，产生报复工作人员的心理，并寻求经济赔偿。如果达不到目的，客户会非常不满，并寻求其他解决渠道。"就这员工你们得处理，你们不处理我现在就举报，我鱼死了，我讹死他。"

三、违反条款及暴露问题

☼违反条款

（1）《国家电网公司供电服务"十项承诺"》第二条："故

障抢修人员到达现场的时间一般不超过：城区范围45分钟"。

（2）《国家电网公司供电服务规范》第四条第二款："真心实意为客户着想，尽量满足客户的合理要求，对客户的咨询、投诉等不推诿、不拒绝、不搪塞，及时、耐心、准确地给予解答"。

（3）《国家电网公司供电服务规范》第六条第三款："当客户的要求与政策、法律、法规及本企业制度相悖时，应向客户耐心解释，争取客户理解，做到有理有节。遇有客户提出不合理要求时，应向客户委婉说明，不得与客户发生争吵"。

（4）《国家电网公司供电服务质量标准》第六条第十八款："若因特殊恶劣天气或交通堵塞等客观因素无法按规定时限到达现场的，抢修人员应在规定时限内与客户联系、说明情况，并预约到达现场时间，经客户同意后按预约时间到达现场"。

⚙暴露问题

（1）抢修人员责任心不强，服务意识淡薄，不能履行对外服务承诺，到达现场超时限，且未向客户做好解释工作，造成客户不满，引起投诉。

（2）抢修人员违反"首问负责制"，在客户情绪激动时未安抚客户，并且推诿、搪塞客户。

四、整改措施

（1）落实抢修不及时原因，与客户联系沟通，向客户真诚道歉，争取客户理解。

（2）按照"四不放过"的原则及《国家电网公司员工奖惩规定》《国家电网公司供电服务奖惩规定》对责任人进行处理。

（3）如因供电企业责任导致停电，按照规定给客户赔偿损失。

（4）针对抢修服务不规范行为进行专项检查，对发现的问题进行处理，并做好人员警示教育。

五、心理应对策略

（1）在客户焦虑的时间段内，现场工作人员到达的时间不能超出所承诺的服务时间，要及时跟客户联系，并迅速到达抢修地点。任何抢修情况的变化都应该及时向客户反映，保证客户的知情权，能有效缓解焦虑状态。

（2）客户在愤怒时，现场工作人员不能与客户对骂，更不能侮辱客户，要理解客户的情绪，并忍受客户的指责，要明白客户的情绪并不一定是针对现场工作人员。

（3）在发泄阶段，客户会啰啰嗦嗦，现场工作人员不能打断客户的发泄，也不能出现不耐烦的表情或言语。工作人员要有耐心倾听客户发泄，客户的情绪缓解后，态度就会恢复正常。

（4）客户要求赔偿时，工作人员不要急于辩解，更不要推卸责任，要向客户保证会调查核实并追究责任，对存在过失的工作人员进行处理，并通知客户处理结果，这样能在一定程度上缓解客户的痛苦。

案例30　抢修人员服务不规范

一、案例纲要

🔍**案例类型**　停送电投诉—抢修服务—抢修人员服务规范。

🔍**事件摘要**　某市客户停电报修后，抢修人员告知客户因欠费停电，未联系相关人员为客户复电。

🔍**事件过程**　某市客户因停电报修了四次，抢修人员未按时到达现场抢修，期间通知客户是因欠费导致停电，但一直没有工作人员为客户及时复电，导致客户投诉。

二、客户心理分析

🔍托尔曼理论图示见图8-3。

在该案例中，客户的投诉类型属于用电问题型投诉和情感宣泄型投诉（对供电服务人员服务态度、服务行为的投诉）。根据托尔曼中介系统理论，客户因连续报修几次都没有工作人员到达现场抢修，而在缴清欠费后又没有复电，使客户情绪逐渐愤怒。

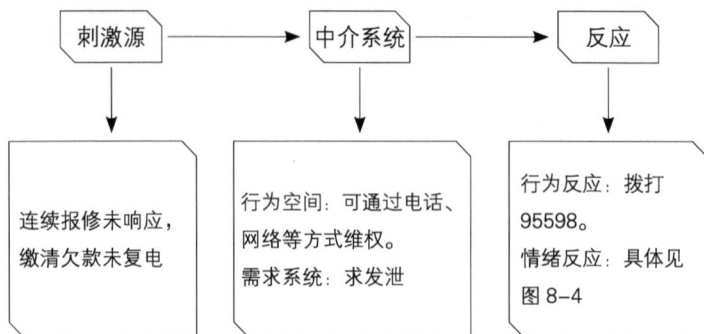

图 8-3　托尔曼理论图示（案例 30）

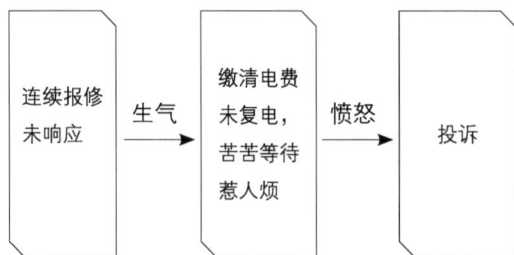

图 8-4　客户心理变化过阶段（案例 30）

　　第一阶段：问题出现阶段（约2小时）。客户家中突然停电，连续报修数次都没有抢修人员到达现场。终于工作人员告知客户因为欠费停电，客户抱怨道："我打了几个电话，才告诉我是欠费，你们这工作效率真是让人着急。"此时，客户心里已经有些不满情绪，尽管如此客户还是先缴纳了电费，并等待复电。

第二阶段：矛盾爆发阶段（约2小时）。迟迟未复电，期间也没有工作人员联系，客户再次打电话询问："我已经缴了电费，真是着急用电，这么长时间了怎么还不来电？"工作人员并没有解释，告知客户需再等一会儿。这样的回答让客户愤怒的情绪爆发："还等，我都等多长时间了？真是不拿我们的事当回事。"

第三阶段：投诉阶段（约15分钟）。客户失去等待的耐心，怀着愤怒的心情向上级供电部门投诉："这样不作为的员工真是为国家电网抹黑……"

三、违反条款及暴露问题

☞违反条款

（1）《国家电网公司员工服务"十个不准"》第五条："不准违反首问负责制，推诿、搪塞、怠慢客户"。

（2）《国家电网公司供电服务"十项承诺"》第二条："提供24小时电力故障报修服务，供电抢修人员到达现场的时间一般不超过：城区范围45分钟；农村地区90分钟；特殊边远地区2小时"。

（3）《国家电网公司供电服务"十项承诺"》第三条："对欠电费客户依法采取停电措施，提前7天送达停电通知书，费用结清后24小时内恢复供电。"

（4）《供电营业规则》第六十七条："在停电前3~7天内，将停电通知书送达用户，对重要用户的停电，应将停电通知书报送同级电力管理部门。在停电前30分钟，将停电时间再通知用户一次，方可在通知规定时间实施停电"。

⚙️暴露问题

（1）抢修人员服务意识不强，未落实"首问负责制"，在现场检查发现欠费停电后没有通知抄催人员处理，造成客户不满。

（2）抢修人员责任心不强，不能履行对外服务承诺，到达现场超时限。

（3）抄催人员欠费告知不到位，导致客户不清楚因欠费导致停电。

四、整改措施

（1）立即恢复供电，与客户联系沟通，就服务过程中的不规范行为向客户真诚道歉，争取客户理解。

（2）按照"四不放过"的原则及《国家电网公司员工奖惩规定》《国家电网公司供电服务奖惩规定》对责任人进行处理。

五、心理应对策略

（1）在问题出现阶段，工作人员不应只告知客户故障原因，还应注意到客户的情绪变化，应及时给予抚慰，把负面情绪扼杀在萌芽状态。

（2）在矛盾爆发阶段，工作人员不应敷衍了事，应给予客户合理的解释，请求客户的谅解，并给出承诺，赢得客户的信任。

案例31　谎报抢修结果

一、案例纲要

🔍**案例类型**　停送电投诉—抢修服务—抢修质量。

🔍**事件摘要**　客户报修后，一直未有工作人员前来修复，却收到故障已修复的告知短信。

🔍**事件过程**　客户报修低压故障，24小时后收到故障修复的告知短信，但客户并没有发现工作人员前来修复，故障一直存在。客户很不满意，希望尽快恢复供电。

二、客户心理分析

🔍**托尔曼理论图示见图8-5。**

该案例属于求尊重型投诉和用电类型投诉。根据托尔曼中介系统理论，客户要求解决低压故障问题，但问题尚未解决却被告知已解决，客户认为受欺骗，于是拨打95598投诉，强烈质疑供电系统的服务能力和服务态度。在这一事件中，客户的情绪经历了一系列变化。

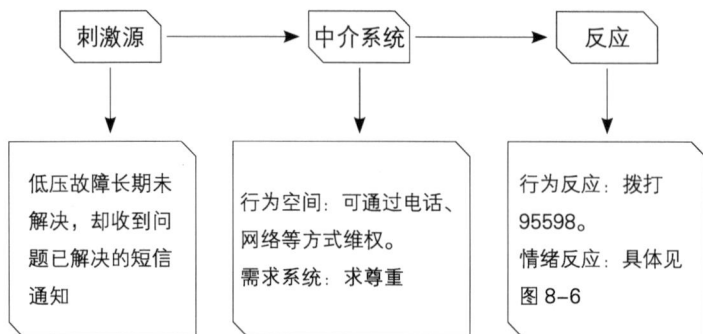

图 8-5　托尔曼理论图示（案例 31）

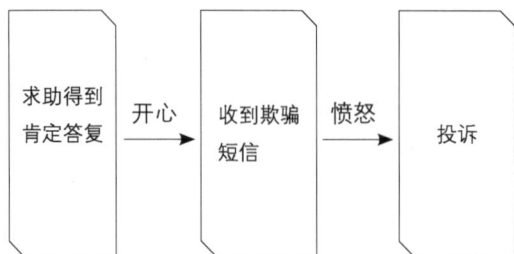

图 8-6　客户心理变化阶段（案例 31）

第一阶段：寻求帮助阶段（约5分钟）。由于农村线路问题导致经常出现用电低压现象，长期以来当地农村客户都对此有意见，也经常向当地农电工反映，但用电低压问题始终没有解决。

客户决定直接向95598反映，客服代表回应："24小时之内派专人查看和维修。"客户得到肯定答复，非常开心，满怀期待。

第二阶段：矛盾激化阶段（约4分钟）。客户在焦急等待了一天之后，并未发现有专门人员来修理，故障一直存在，但却收到故障已修复的告知短信。工作人员否认已发短信："怎么可能？我们没来修，不可能给你发短信。"客户认为服务代表百般狡辩，不负责任，求尊重的心理需求没有得到满足，负面情绪达到顶峰，客户情绪非常激动，抱怨供电公司不作为。

第三阶段：投诉阶段（约1分钟）。客户质疑供电系统的工作能力和态度："你们这是敷衍了事，对我们用户极不负责，反映了这么久不但没有解决，还发短信欺骗我们已经解决了。为啥发短信欺骗我们？给我们个解释。我们这次决不妥协了，半天之内必须解决问题，不然，等着新闻揭露吧。"此时，客户的愤怒情绪已经达到顶峰。客服代表一再承诺会尽快查清短信的原因，并会派专人解决低压问题。客户情绪上得到了缓和，但对供电公司的评价和信任却大打折扣。

三、违反条款及暴露问题

☼违反条款

（1）《国家电网公司供电服务"十项承诺"》第二条："提

供24小时电力故障报修服务，供电抢修人员到达现场的时间一般不超过：城区范围45分钟；农村地区90分钟；特殊边远地区2小时"。

（2）《国家电网公司95598故障报修处理规范》第五条："抢修人员在处理客户故障报修业务时，到达现场后应及时联系客户，并做好现场与客户的沟通解释工作。"

⚙暴露问题

（1）抢修人员服务不规范，提供24小时电力故障报修服务，没有在承诺时限到达现场，未主动与客户联系说明情况，并预约到达现场时间，甚至谎报处理结果。

（2）工作人员服务意识淡薄，存在糊弄、敷衍客户的行为。

四、整改措施

（1）派工作人员核查具体情况，立即抢修，及时恢复供电，向客户赔礼道歉，取得客户谅解。

（2）严格考核，提高工作人员服务意识和服务技能，不断提高供电服务整体水平。

（3）按照"四不放过"的原则及《国家电网公司员工奖惩规定》《国家电网公司供电服务奖惩规定》对责任人进行处理。

（4）供电公司应加强员工素质培训，举一反三，避免类似事件再次发生。

五、心理应对策略

（1）在寻求帮助阶段，客户反映的问题得到工作人员的重视，同时工作人员也给予客户肯定的答复，这让客户心存希望，对供电公司抱有较高的期望值。

（2）在矛盾激化阶段，工作人员不能急于辩解，应在了解事实的基础上，换位思考，体会客户心里承受的"期望到失望"的巨大落差，如果是工作疏忽，更不能一口否认，要尊重事实，尊重客户。

（3）在投诉阶段，客户投诉无非是为了求发泄、求同情、求尊重，但根本问题还是希望故障能解决，不影响生产和生活。客服人员只有充分了解到这一点，灵活运用，才能使客户放心。

（4）公司的规章制度和工作人员的承诺使得客户对抢修服务产生既定的期望，如果服务人员不能履行承诺，就会扩大客户心理期望和实际情况的差距，易使客户采用投诉这一方式来宣泄自己的不满。服务的可靠性，简而言之，就是说到做到。服务的响应性，简化成两个字，就是速度，帮助客户解决问题的速度越快越好，能立即行动的就不要往后拖。此案例中感知服务的可靠性和响应性没有得到体现，这也是众多用电投诉中的"重灾区"。

案例中工作人员拖延了24小时仍然没有解决问题，明显对客户响应不及时。

案例32 抢修过程不认真，线相接反惹投诉

一、案例纲要

Ｑ案例类型　停送电投诉—抢修服务—抢修质量。

Ｑ事件摘要　抢修人员将小区内部电梯线相接反，造成电梯无法正常使用，客户表示不满。

Ｑ事件过程　某市客户反映，2015年7月29日报修后，抢修人员在抢修过程中将小区内部电梯线相接反，造成整个小区电梯无法正常使用，客户另行联系电梯修理师傅为其小区维修电梯。客户表示不满，要求供电公司相关部门尽快核实处理并给出合理解释。

二、客户心理分析

Ｑ托尔曼理论图示见图8-7。

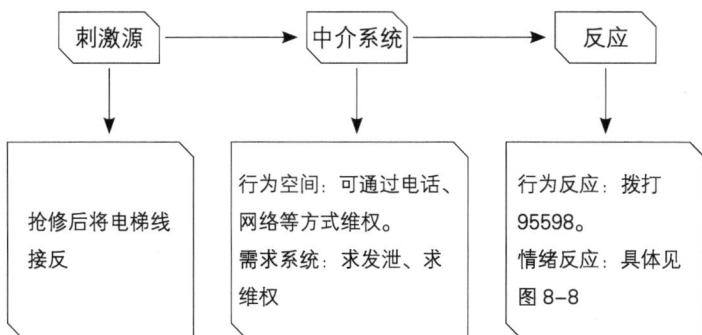

图 8-7　托尔曼理论图示（案例 32）

根据托尔曼中介系统理论，由于现场人员抢修后将电梯电线接反，导致电梯无法使用，用户十分不满，最终选择拨打95598投诉。该案例属于求发泄型投诉。

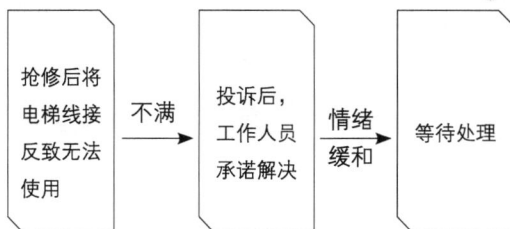

图 8-8　客户心理变化阶段（案例 32）

第一阶段：愤懑不满阶段（约20分钟）。抢修过后，发现电梯不能用了，后来发现是现场工作人员的不认真导致电梯线接反了。用户不满："这工作人员咋都这么不专业呢！电梯线还能给接反了。好在没有什么安全隐患！要是出啥安全问题了可怎么办！"

第二阶段：诉求阶段（约30分钟）。用户愤愤不平："你们工作人员说的是来抢修，结果把电梯线都接反了，你们这工作人员也太不认真了！这种工作态度我们很不满意。"客服代表回应说："您放心，我们一定尽快核实情况，给您解决问题。"

第三阶段：妥协阶段（约8分钟）。客户接受提议，此时的心情稍微缓和："希望你们能加强一下现场人员的业务水平，否则造成的安全隐患不可设想啊！"

三、违反条款及暴露问题

⚙违反条款

（1）《国家电网公司供电服务规范》第二章第四条第五款："熟知本岗位的业务知识和相关技能，岗位操作规范、熟练，具有合格的专业技术水平"。

（2）《国家电网公司供电服务规范》第二章第四条第四款："工作期间精神饱满，注意力集中"。

⚙暴露问题

抢修人员在服务意识、工作态度、工作责任心等方面有待进一步提升，规章制度执行不严、学习掌握不彻底，未真正使服务规范、工作标准和员工行为规范落到实处。

四、整改措施

（1）与客户联系沟通，就服务过程中的不规范行为向客户真诚道歉，争取客户理解。

（2）加强业务技能、责任心教育培训。加强供电服务过程监督，及时发现工作中问题，健全考核制度。

（3）按照"四不放过"的原则及《国家电网公司员工奖惩规定》《国家电网公司供电服务奖惩规定》对责任人进行处理。

五、心理应对策略

（1）该客户的求发泄意图还是很强的，他认为抢修人员工作不认真很可能会给安全用电带来隐患。所以客户是重在发泄心中的不满，客服代表要认真倾听客户的诉求，让客户把自己想说的话说完，这样有助于舒缓客户的情绪。不要打断客户的诉求，更不要以冷漠的态度来说话。

（2）在客户打电话要求解决问题时，客服代表要给予合理的解决方案，并承诺顾客一定会尽快给予处理。同时要诚恳地向客户道歉，让客户能够在心理上得到补偿，使其体会到自己的诉求是被尊重的。而不能找借口来随意敷衍了事，这样只会激怒客户。

一、案例纲要

🔍**案例类型**　停送电投诉—抢修服务—抢修人员服务态度。

🔍**事件摘要**　客户反映居住地反复停电，抢修人员拒绝再次抢修并辱骂客户，引发客户投诉。

🔍**事件过程**　某县客户的居住地一天内反复停电，抢修人员暂时修复后就不再理会，客户再次发生频繁停电后，拨打抢修人员电话，抢修人员辱骂、威胁客户，并与客户发生肢体冲突，引发客户投诉。

二、客户心理分析

🔍**托尔曼理论图示见图8-9。**

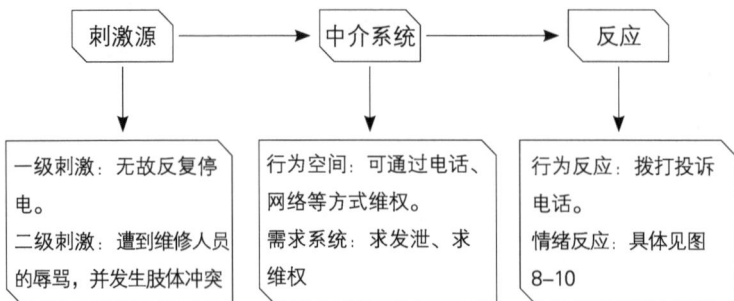

图 8-9　托尔曼理论图示（案例33）

根据托尔曼中介系统理论，由于缴费后24小时内仍未复电，造成客户心情焦急和不满，在其主动与工作人员通电话后遭到谩骂，使得客户激愤异常，最终选择了拨打投诉电话。该客户的投诉属于求尊重型投诉。

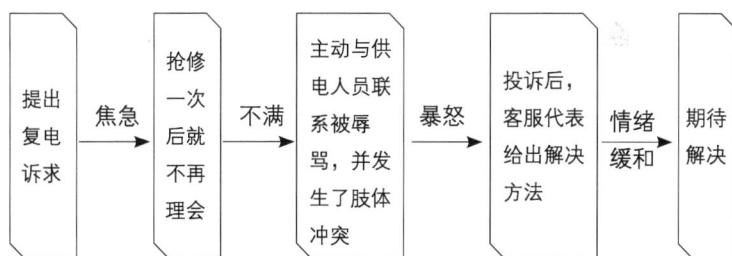

图 8-10　客户心理变化阶段（案例 33）

第一阶段：复电诉求阶段（约5分钟）。无故发生停电，此时客户并没有什么异常的情绪，很冷静、理智地来处理问题。"大概是哪里出了问题，打电话找人来维修就好了。"于是给现场维修人员打电话要求复电。

第二阶段：反复停电（约30分钟）。刚过了没多久就又停电了，这时候客户变得焦躁起来，而且也越来越不满。"这咋搞的，咋又没电了！"于是主动与现场工作人员通电话要求再来检修，抢修人员不仅没有及时给予复电，还在现场与用户发生争执、辱骂、威胁用户，并且发生了肢体上的冲突。抢修人员态度极其恶劣："给你修过了，你这还停电，那就不关我们的事了，是你们自己用电不小心造成的！哼，就是不给你修，不给你复电，怎么着吧你！"

第三阶段：复电未果阶段（约10分钟）。客户这时变得怒不可遏："你们的责任不就是给我们维护电路吗？让你们来复电，你们还这么辱骂人，还动手打人！这什么服务态度！"客户越想越憋气，决定打电话投诉。

第四阶段：投诉阶段（约20分钟）。客户怒吼道："你们这儿的员工就这态度，还打人？你们尽快核实情况，给他通报批评，我要求赔偿损失。""你们把我们客户放在什么地位，明明是你们停电了，还骂我们用户！还动手打人！"此时，客服代表答应帮助反映问题、核实情况、尽快解决。"您放心，我已如实记录您反映的情况，我们会尽快把情况调查清楚，给您解决问题。"

第五阶段：妥协阶段（约3分钟）。客户接受提议，此时的心情稍微缓和："赶紧给我解决问题，我等你们的回复！"

三、违反条款及暴露问题

✿违反条款

（1）《国家电网公司电力供应与使用条例》第十九条："用户受电端的供电质量应当符合国家标准或者电业行业标准"。

（2）《国家电网公司员工服务"十个不准"》第五条："不准违反首问负责制，推诿、搪塞、怠慢客户"。

（3）《国家电网公司供电服务规范》第四条："熟知本岗位的业务知识和相关技能，岗位操作规范、熟练，具有合格的专业技术水平"。

⚙ 暴露问题

（1）抢修人员业务技能欠缺，未能准确判断故障原因，及时恢复供电。

（2）抢修人员责任心不强、服务意识淡薄，实际工作与"供电服务规范"及"三个十条"等相关要求相距甚远，未将供电服务规范、工作标准落实到实际行为中。

（3）抢修人员在服务过程中辱骂客户，严重背离供电企业优质服务要求，损坏了供电企业形象，造成了恶劣影响。

四、整改措施

（1）立即安排抢修人员进行抢修，从根本上解决问题。

（2）加大抢修过程管控力度，确保抢修人员严格执行"五个一"标准化抢修要求，不推诿、搪塞客户。

（3）与客户联系沟通，针对存在的问题向客户真诚道歉，争取客户理解。

（4）按照"四不放过"的原则及《国家电网公司员工奖惩规定》《国家电网公司供电服务奖惩规定》对责任人进行处理。

五、心理应对策略

（1）在客户复电请求阶段，客户是冷静和理智的，电力公司应该立即给予供电服务，只要以正常的工作态度来解决，就可以使客户心满意足。

（2）客户反复停电时，已经是急躁不满了，不免会发几句牢骚。工作人员不能态度冷漠，更不能谩骂客户，尤其是跟用户发生肢体上的冲突，这是万万不可的！现场工作人员一定要给予足够的尊重，承诺及时给予供电。这就需要员工平时注意培养自己的同理心，注意提高自己的职业操守。

（3）客户愤怒不满时，不要无所作为，更不要顶撞客户，要尽快给客户恢复供电，并且态度诚恳、主动地向客户道歉，尽量帮助客户发泄自己的不良情绪，平息客户心中的怒火。详细给客户解释清楚没有及时恢复供电的原因，客户的理解。人们对于自己已知的情况总是会更有耐心，如果用户并不知情，就会变得异常烦躁。

（4）在客户投诉时，本案例中的客服代表做出了正确的回应，及时给出了可行的解决方案，平息了客户的愤怒情绪，最终达成共识。客服代表就应该做到不争辩是非，不与客户顶嘴，而是要详细地了解具体情况，给予客户合理的解决方案，以达到平息客户心中怒火的目的。

案例34　用电检查人员未按时限到达现场

一、案例纲要

🔍**案例类型**　服务投诉—服务行为—用电检查人员服务规范。

🔍**事件摘要**　某市客户因用电故障导致家电损坏，两次拨打95598热线均无人处理。

🔍**事件过程**　某市客户拨打95598反映因供电公司原因导致家电损坏，客服人员告知会有工作人员前去调查，但报修后一星期仍无人处理。客户再次拨打95598投诉，依然没有人去现场调查，当地供电公司回复处理结果表示因客户自身原因造成电器损坏。客户对此结果非常不满，并表示不再通过供电公司去解决，将向电力监管办公室（简称电监办）投诉。

二、客户心理分析

🔍托尔曼理论图示见图8-11。

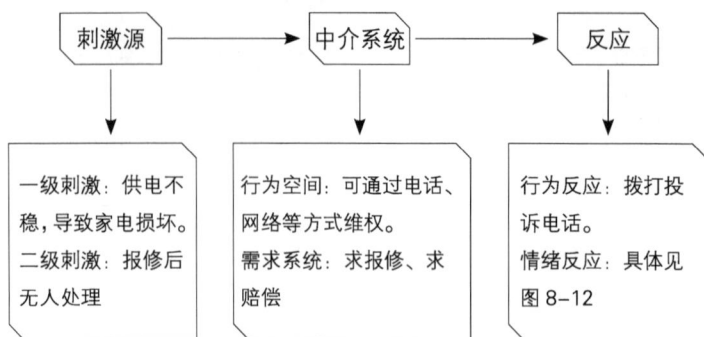

图 8-11　托尔曼理论图示（案例 34）

　　根据托尔曼中介系统理论，客户认为是供电公司的原因导致自家的电器损坏，这是引发客户投诉的一级刺激。报修后一周内未有人来处理，这是客户产生投诉的二级刺激。客户的需求就是希望供电公司及时来检修并赔偿自己的损失。由于客户的需求未被满足，最后导致了客户的投诉，但供电公司认为并非是自己造成的，不予处理。愤怒之下，客户直接向电监办投诉。该客户的投诉属于求赔偿型投诉。

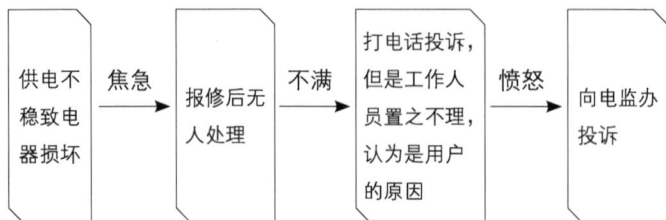

图 8-12　客户心理变化阶段（案例 34）

第一阶段：恼怒阶段（约30分钟）。供电公司供电不稳定，导致客户家的电器被烧坏，客户这时比较恼怒，一心归咎于供电公司，就是要找供电公司来负全责。"肯定是供电不稳造成的，一定要供电公司赔偿我的损失！"

第二阶段：平和阶段（约7天）。拨打客服电话后，客服代表告知："一定会有工作人员与您联系，来给您解决问题的。"用户这时还是很信任客服代表的，于是就在家里等工作人员的来电，此时心情还是平静的。

第三阶段：不满阶段（约1小时）。客户等了一个星期，都没有人来给他处理问题。于是客户拨打了供电公司的投诉电话，但是客服代表回复："经过调查，我们发现这不是我们供电公司的错，是您自己造成的，所以我们不予赔偿。"

第四阶段：暴怒阶段（约30分钟）。客户怒火中烧，认为完全是供电公司在推卸责任，不想赔偿自己的损失，才找这样的借口，于是决定直接向电监办投诉。

三、违反条款及暴露问题

⚙️违反条款

（1）《居民用户家用电器损坏处理办法》第四条："供电企

业在接到居民用户家用电器损坏投诉后，应在24小时内派员赴现场进行调查、核实"。

（2）《国家电网公司供电服务质量标准》第六条第十三款："受理客户服务申请后：电器损坏核损业务 24 小时内到达现场"。

⚙暴露问题

（1）用电检查人员工作责任心不强，服务意识淡薄，未在规定24小时内到达现场进行电器损坏核损勘查。

（2）规章制度执行不严格，各环节时限监控不到位，客户二次投诉后仍未得到重视，造成投诉升级。

四、整改措施

（1）加强营销服务过程管控，确保各环节时限符合相关规定，保证现场工作人员及时到达客户现场调查落实。

（2）按照"四不放过"的原则及《国家电网公司员工奖惩规定》对责任人进行处理。

五、心理应对策略

（1）客户打电话要求解决问题时，工作人员应该按照所承诺那样，为客户联系处理问题，而不是说调查后发现不是自己的责任就不予理睬，不给予客户任何的解释。这样会使客户本就不满的心情变得更加不满，会让他以为是供电公司根本没去调查，或者是在推卸责任。工作人员在查明情况后及时与客户联系，具体详细地解释原因，让客户明白造成自己电器损坏的原因是什么。

（2）在客户拨打投诉电话时，客服代表不能一句话就推掉所有的责任，即便真的不是电力公司的原因造成的，客服代表也应该向客户解释清楚，要态度诚恳地倾听客户的抱怨，在舒缓客户心中的愤怒之后，才有可能使客户接受自己的解释。所以客服代表平时要注意培养同理心和沟通技巧。

（3）客户决定要投诉到电监办的时候，客服代表要及时向上反映，找现场工作人员与客户联系来处理问题，此时客户首先会宣泄一下自己愤懑的情绪，这个时候现场工作人员一定要注意，不与客户发生争辩，不要急于去问清事情的整个具体过程，更不要打断用户的投诉。而是要设身处地站在客户的角度考虑问题，让客户顺利地宣泄一下自己的不良情绪。要及时承诺给客户解决问题，有助于缓解客户焦躁又愤怒的心情。

第九章

供电质量投诉案例

案例35 电压质量长时间异常

一、案例纲要

🔍**案例类型** 供电质量投诉—电压质量—电压质量长时间异常。

🔍**事件摘要** 某市客户反映长期电压低未妥善处理，影响正常生活。

🔍**事件过程** 某市客户反映由于拆迁造成一个变压器同时为两个片区供电，存在电压长期不稳、变压器多次起火的现象，给客户用电造成困扰，并存在安全隐患。

二、客户心理分析

🔍托尔曼理论图示见图9-1。

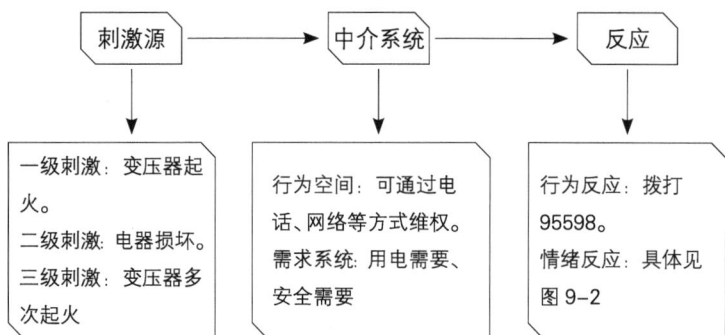

图 9-1　托尔曼理论图示（案例 35）

根据托尔曼中介系统理论，变压器起火是造成客户投诉的一级刺激，如果换修后电压变稳，客户则不再会有其他不满的言行。但是，变压器再次起火使客户的电器损坏，并且生命安全长期受到威胁，客户的情绪为此升级，最终选择拨打95598进行投诉。

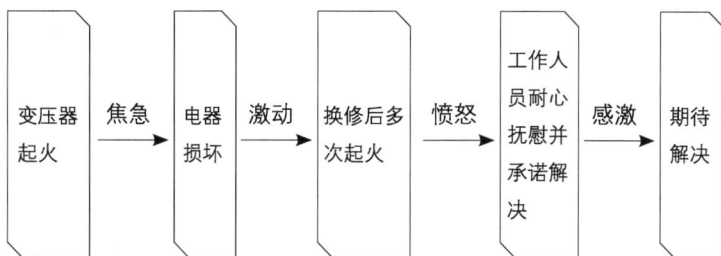

图 9-2　客户心理变化阶段（案例 35）

第一阶段：焦急阶段（约2分钟）。电压不稳，不仅影响客户正常用电，而且有损坏电器的潜在威胁，客户为此感到焦虑。客户迫不接待地诉说事情原委，也同样说明了客户内心的焦虑状态。"晚上点个电棒都一闪一闪的，晚上看个书、写个字闪个不停，这电压是有多低。"

第二阶段：不满阶段（约2分钟）。客户按时缴付电费，却不能正常用电，甚至损坏家用电器。付出的代价高，但是服务质量低，客户权益没有得到保障。使客户不满。"我的冰箱原来好好的，那次变压器起火当天就坏了，我现在都不敢看电视了，还有开空调根本就带不起来！这么热的天没发过啊！"

第三阶段：激动阶段（约1分钟）。变压器换修后多次起火使客户长期受到安全威胁和用电的困扰，致使客户的安全需要缺失。想到有关工作人员偷梁换柱，置人民的安全于不顾，客户变得尤其愤怒。"你说那些人多坏良心，一起火就换个变压器，给你们说的是新的其实是旧的在循环，前两年因为这打死（变压器漏电身亡）了一个人，他们还敢这样做，这不处理中不中！"

第四阶段：感激阶段（约1分钟）。现场工作人员承诺会调查处理此事，给客户吃了一颗定心丸，客户感到满意。"打你这个电话挺感动的，只要你一登记一处理我心里就非常满意，我相信政策很好，但是有些人把政策做坏了，希望你们落实。"

三、违反条款及暴露问题

⚙️**违反条款**

（1）《中华人民共和国电力法》第四章第二十八条："供电企业应当保证供给用户的供电质量符合国家标准。对公用供电设施引起的供电质量问题，应当及时处理"。

（2）《国家电网公司供电服务规范》第八条第一款："在电力系统正常状况下，客户受电端的供电电压允许偏差：220V单相供电的，为额定值的（+7%，-10%），即（198V，235.4V）"。

⚙️**暴露问题**

（1）当地供电公司服务意识、敏感意识不强，未站在客户的角度，从根本上解决客户用电问题，消除安全隐患，造成电压质量长时间异常，最终引发了投诉。

（2）电网建设滞后，未与城市发展保持一致。

四、整改措施

（1）立即安排工作人员现场核查，采取增容等方式从根本上解决客户用电问题。

（2）做好客户沟通，争取客户谅解。

（3）按照"四不放过"的原则及《国家电网公司供电服务奖

惩规定》对责任人进行处理。

五、心理应对策略

（1）当客户焦虑时，工作人员应该及时了解客户的需求，将矛盾扼杀在摇篮中。不能任由矛盾事件继续发展，客户的焦虑情绪继续发酵，最终使事态扩大，难以收拾。

（2）现场工作人员应该对客户遭遇的损失表示同情，认为客户所有的情绪反应是合情合理的，让客户感受到认同，拉近与客户的心理距离，不要否定客户的言语或行为。

（3）现场工作人员应该认真地倾听客户的发泄，对客户的不满表示理解，并表示一定会给客户一个交代。对客户的话有所反应，避免让客户认为工作人员消极冷漠。

（4）现场工作人员应该表达谢意，感谢客户对供电公司的关注，树立良好的企业形象。

第十章

电网施工改造投诉案例

案例36 农网改造乱收费

一、案例纲要

🔍**案例类型** 电网建设—供电设施—农网改造。

🔍**事件摘要** 某县在农网改造过程中收取用户施工费。

🔍**事件过程** 某市杂志社记者反映某县农网改造中收施工费每户30元，并使用旧线杆。供电所答复改造经费未到位，收取了施工费，并自己出钱买了旧线杆。记者认为解释不合理，农网改造由国家审批了项目经费，怀疑存在自立收费项目的情况。

二、客户心理分析

🔍托尔曼理论图示见图10-1。

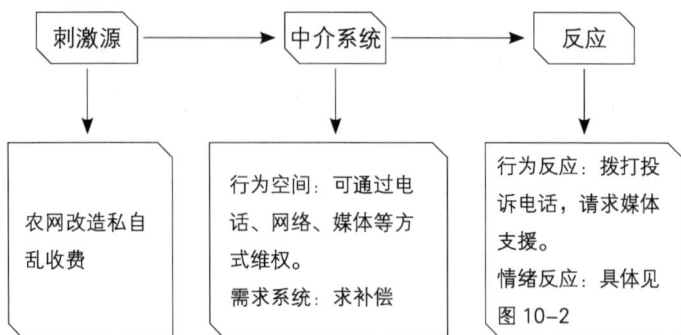

图 10-1 托尔曼理论图示（案例 36）

根据托尔曼中介系统理论，由于农网改造中无任何依据地收费，而最后用的却依然是旧电线杆，投诉无果后，用户选择请求记者帮助调查真相，并要求获得一定的补偿。该用户的投诉属于求赔偿型投诉。

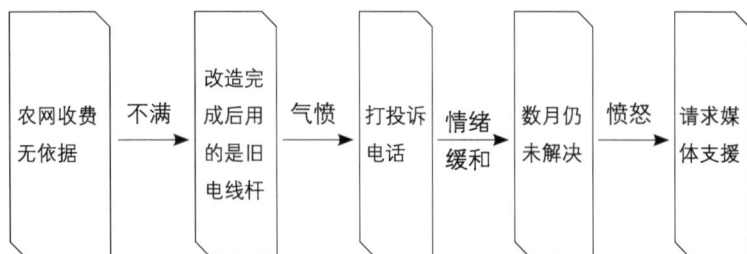

图 10-2 客户心理变化阶段（案例 36）

第一阶段：压抑阶段（约4个月）。农网改造没有任何依据地收费，但用户以为别的地方也这样收费，只能压抑着自己心中的不满："可能其他地方也都是这样收费的吧。"

第二阶段：激动与愤懑（约2天）。农网改造完成以后，用户们发现电线杆却都是旧的，于是心中愤愤不平："明明收了钱的，说要用于农网改造，怎么还用旧的东西？收的我们的钱哪里去了？""用这些旧的电线杆会带来多大的安全隐患啊？这不是拿我们的生命开玩笑吗？"

第三阶段：指责阶段（约30分钟）。用户拨打供电公司电话进行投诉，指责农网改造中乱收费的行为以及用旧电线杆的情况。"农网改造的时候每家每户都收钱了！""现在用的还是旧的，那收我们钱干啥？"

第四阶段：平静阶段（约1个月）。客服人员答应向上反映情况，并承诺问题一定会马上解决。这个时候，用户的心情才稍有平复，认为："这下一定没什么问题了，供电公司都答应帮俺们解决了，肯定会把多交的钱还给俺们的！"

第五阶段：爆发阶段（约2天）。"眼看着一个月都过去，等来等去都没有供电公司的人员主动跟俺们联系解决问题啊！"用户怒火中烧，决定找记者帮忙调查情况，最终记者认为解释不合理，农网改造由国家审批了项目经费，怀疑存在自立收费项目的情况。

三、违反条款及暴露问题

⚙️违反条款

（1）《国家电网公司员工服务"十个不准"》第二条："不准自立收费项目、擅自更改收费标准"。

（2）《国家电网公司员工服务"十个不准"》第十条："不准利用工作之便谋取其他不正当利益"。

（3）《国家电网公司供电服务规范》第五条第四款："严格执行国家规定的电费电价政策及业务收费标准，严禁利用各种方式和手段变相扩大收费范围或提高收费标准"。

⚙️暴露问题

（1）工作人员未能做到依法服务，有规不依、有章不循，擅自对农网改造项目立项收费。

（2）基层供电所管理存在疏漏，对工作人员服务行为的监督不力，未能及时发现工作人员在日常工作中的错误。

四、整改措施

（1）立即纠正农网改造自立收费项目的错误行为，将施工费退还客户。

（2）按照"四不放过"的原则及《国家电网公司员工奖惩规

定》《国家电网公司供电服务奖惩规定》对责任人进行处理。

（3）对全体人员进行警示教育。

五、心理应对策略

（1）农网建设乱收费是造成该用户不满的主要原因。农网改革要按照国家规定来，不能私自立项收费。供电公司一定要彻查，对地方乱收费的情况给予肃清，不能姑息迁就，只有这样，才能使用户们心服口服。

（2）在客户打电话进行第一次投诉阶段，客服代表要满足用户求发泄的意愿，帮助用户疏解心中的不满，而不能打断客户的倾诉，更不能表现出不耐烦的情绪。

（3）用户要求调查情况并给予赔偿时，工作人员不要急于辩解，更不要推卸责任，要向客户保证会调查核实并追究责任，对存在过失的工作人员进行处理，并通知客户处理结果，这样能在一定程度上缓解客户的痛苦。

（4）在客户指责时，工作人员不能急于否认客户的观点，不能在客户情绪极度激动的情况下争辩是非，要有同理心，要学会换位思考，要站在用户的角度考虑问题。

（5）在客户请求媒体的介入时，就说明用户已经到了暴怒阶段，已经对供电公司失去了信任，认为只有公信部门才能替自已讨回公道。工作人员不仅要满足用户求发泄的意愿，帮助用户疏解心中的不满，还要及时向用户诚心诚意道歉，赔偿用户的损失，以达到帮助用户压制怒火的目的，待用户冷静下来后，双方再对已经发生的事情进行协商讨论，给出满意的答复。

案例37　电网施工未清理

一、案例纲要

🔍**案例类型**　电网建设—电力施工—施工现场恢复。

🔍**事件摘要**　某市客户反映供电公司施工结束后，未及时恢复路面，存在极大的安全隐患。

🔍**事件过程**　某市吴女士发现供电公司施工时，未及时恢复路面，三相电线外露，存在极大的安全隐患，对此非常不满，认为当地电力部门服务意识、安全意识差，强烈要求施工人员迅速解决问题。

二、客户心理分析

🔍托尔曼理论图示见图10-3。

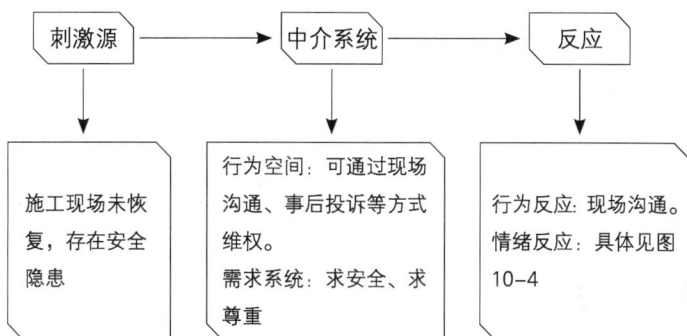

图 10-3　托尔曼理论图示（案例 37）

　　该案例属于求尊重型和用电类型投诉。根据托尔曼中介系统理论，由于施工现场三相电线外露，客户担心安全问题，强烈要求施工人员恢复作业现场，而在沟通过程中的挫败感使客户情绪升级。

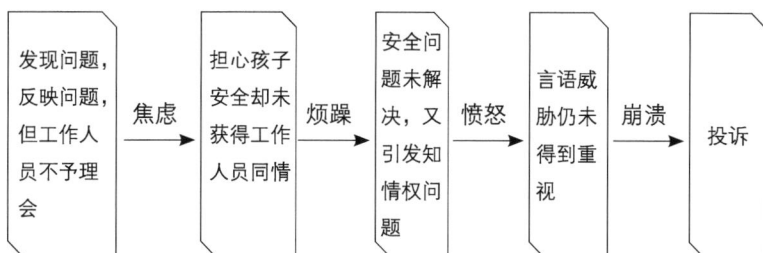

图 10-4　客户心理变化阶段（案例 37）

　　第一阶段：发现并反映问题阶段（约 1 分钟）。"你们急着要走，可不安全这咋弄啊？我们也不会修。"此时客户寄希望于工作人员，而施工人员解释道："今天的工作到点了，明天再说。"使客户感到希望破灭，开始焦虑。

第二阶段：求同情阶段（约3分钟）。"我有小孩，到时候没了电咋办啊？我真着急！"客户的言语中透露出担心的源头：孩子。由于孩子年幼，规避安全风险的能力不足，加重了客户的担忧。而工作人员未能理会："那我们管不着，看小孩也不是我们的工作。"这样的言语直接点燃了客户的情绪，开始烦躁。

第三阶段：指责阶段（约5分钟）。"看小孩不是你们的工作，把电网改造好是你们的工作吧？我这好好的，谁让你们改造的？也没通知我，你们就改造吗？"客户一连串的反问，又引出知情权问题，施工前没有与客户协商，施工后尚有遗留问题也没有及时与客户沟通，使客户认为自己的安全没有得到保障的同时，也没有得到电力公司的尊重。而工作人员也急躁起来，仍坚持明日处理，客户愤怒到濒临崩溃。

第四阶段：威胁阶段（约2分钟）。"你们还是服务部门吗？三两分钟的事，你们今天非不给收拾，那就等着我投诉吧，我给你们捅到网上去。"此时，客户仍是担心工作人员不修复施工现场，希望用威胁引起重视。而工作人员撂下一句"你投诉吧"就匆匆离开，客户失望之极，一度崩溃，毫不犹豫地拿起电话投诉。

三、违反条款及暴露问题

⚙️**违反条款**

《国家电网公司供电服务规范》第十七条第八款："现场工作结束后，应立即清扫，不能留有废料和污迹，做到设备、场地清洁。同时应向客户交代有关注意事项，并主动征求客户意见"。

⚙️**暴露问题**

（1）电网建设改造存在不规范行为，施工完成后未及时清理现场。

（2）工作人员安全意识不强，未意识到现场线路裸露引起的安全隐患问题。

（3）服务行为不规范，施工现场存在安全隐患未做警示标识。

四、整改措施

（1）立即安排相关人员恢复路面，做好线路安全防护，消除安全隐患。

（2）与客户联系沟通，针对存在的不规范行为向客户真诚道歉，争取客户理解。

（3）按照"四不放过"的原则，对相关责任人员进行责任追究。

（4）加强电网改造规范管理，做好人员警示教育。

五、心理应对策略

（1）在客户发现并反映问题阶段，现场工作人员不能敷衍了事，要给予客户真诚合理的解释，更要告知客户实际情况，预设完成时间，给客户一个承诺并履行承诺。

（2）在客户求同情阶段，现场工作人员不能置身事外，更不能推卸责任，要换位思考，考虑客户的实际需求，体会客户的心情，并给予安慰。

（3）在客户指责阶段，现场工作人员不能和客户对着干，要学会忍耐和倾听，让客户充分发泄负面情绪，要给予适当的安抚。

（4）在客户威胁阶段，现场工作人员不能摆出"你随意投诉，我根本不怕"的架势，要明白客户威胁不是目的，只是手段，像本案例中的客户，其最根本、最真实的意图还是想解决安全问题。如果工作人员不能领会这一层意思，只能让事件越演越烈。

案例38 电力施工行为野蛮，损坏客户资产遭投诉

一、案例纲要

🔍**案例类型** 电网建设—电力施工—损坏客户资产。

🔍**事件摘要** 客户反映供电公司在农网改造时，占用及损坏其田地。

🔍**事件过程** 某县客户来电反映，县供电公司施工队在农网改造时，占用其一亩半田地，在地里挖了5个坑，建设了4根电线杆，给客户造成损失，且施工前未提前通知客户，也未提及赔偿事宜，客户表示不满。

二、客户心理分析

🔍托尔曼理论图示见图10-5。

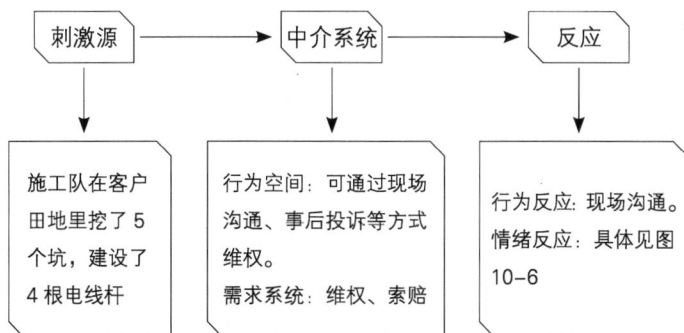

图 10-5 托尔曼理论图示（案例38）

该案例属于维权及索赔型投诉。根据托尔曼中介系统理论，供电公司施工队在该台区进行农网增容改造时，途经客户农田，实际共架设4根电线杆和1个拉线坑，这些供电设施给客户农耕造成了较大影响，因在施工时未提前通知客户且未提及赔偿事宜，引发客户投诉。而现场沟通过程不顺畅，双方没有达成一致，使客户情绪升级。

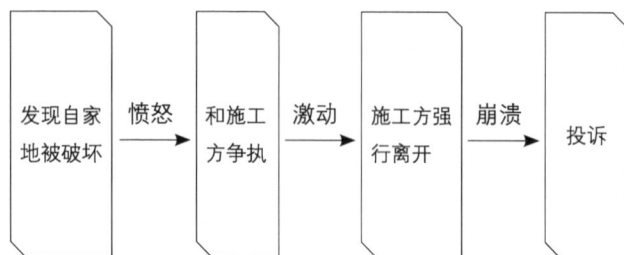

图 10-6　客户心理变化阶段（案例38）

第一阶段：愤怒阶段（约5分钟）。客户发现自家田地被挖坑埋杆，就十分气愤："怎么不说一声，就往我家地里挖坑埋杆呢？这是我家的地呀！这接下来咋耕种呢？还有没有王法了！"

第二阶段：激动阶段（约15分钟）。客户找施工队质问："你们怎么能随便动我的地呢？"施工队的人说："我也不是领头的，我们是按照上面的要求来作业的，等我们头儿来了，你跟他说吧，我们也不当家。"客户情绪开始激动："那你们就当家动我家的地了？要不要提前跟我说一声，把地弄成这样，你们得赔呀！"工人不理客户，继续干活。

第三阶段：崩溃阶段（约20分钟）。"就是你们把地挖成这样了，我这里的电好好的，谁让你们改造，也不能随便就把地挖成这样了呀？"客户情绪越发激动，大声质问施工人员，而工人只顾干自己的活，不理会客户的质问，活干完了就要走，客户愤怒到崩溃边缘，一气之下打了投诉电话。

三、违反条款及暴露问题

⚙违反条款

（1）《国家电网公司供电服务规范》第十七条第六款："如在工作中破坏了客户原有设施，应尽量恢复原状或等价赔偿"。

（2）违反《国家电网公司供电服务奖惩规定》第二十七条："发生供电服务过错，惩处可采取经济处罚或者组织处理"。

⚙暴露问题

（1）电网建设改造存在不规范行为，施工野蛮，损害群里利益。

（2）当地电力部门服务意识差，没有事先对损害性进行估算和安排。

（3）施工人员事不关己的态度恶劣。

四、整改措施

（1）安排相关人员检查土地的破坏程度，能恢复原貌的尽快恢复，不能恢复的给客户赔偿。

（2）针对存在的不规范行为向客户真诚道歉，争取客户理解。

（3）按照"四不放过"的原则，对相关责任人员进行责任追究。

（4）加强电网改造规范管理，做好人员警示教育。

五、心理应对策略

（1）在客户发现并反映问题阶段，现场工作人员不能敷衍了事，要给予客户解释，或者提供一个比较好的解决方案，避免客户情绪恶化。

（2）在客户情绪激化阶段，工作人员不能选择逃避，应该认真倾听客户的抱怨，换位思考，为客户出主意，防止客户思想进一步崩溃。